青春サプリ。

心が元気になる、5つの部活ストーリー

——なりたい自分になれる

近江屋一朗・オザワ部長・ながしろばんり
田中夕子・緑慎也 文／くじょう 絵

ポプラ社

Contents

—目次—

STORY. 1

005 誰《だれ》かを支《ささ》えたい
山手学院中学校・高等学校 ねころ部
007 猫《ねこ》のための部活
017 動物たちとの触《ふ》れ合い
023 動物を飼《か》うということ
031 これからのねころ部

STORY. 2

037 分かち合う感動
大西学園中学校・高等学校 吹奏楽部
039 演奏《えんそう》をしながら⁉
045 泣き虫部長の意地
050 「病《や》み期」を乗り越《こ》えて
057 もっと私《わたし》たちを知って！
061 ダブルダッチに大苦戦
066 いざ、選抜《せんばつ》大会へ！

STORY. 3

079 それは憧《あこが》れていたもの
日本大学第二中学校・高等学校 演劇部
081 怒《おこ》られてばっかり
087 はじめての舞台《ぶたい》

093 演劇部《えんげきぶ》の住人になるには
098 「成長」ってなんだろう
104 最高学年になって
109 真剣《しんけん》だからこそ面白い

STORY. 4

115 僕《ぼく》だって強くなれる
仙台城南高等学校 フェンシング部
117 熱血コーチがやって来た
123 カッコよくなりたい
129 ダメな自分
135 仲間のために
140 新しい自分

STORY. 5

145 まだまだ先は長い
駒場東邦中学校・高等学校 折り紙同好会
147 今にも動き出しそう
152 進化した折り紙
156 切磋琢磨《せっさたくま》
161 力を合わせて折る
168 世界の見方が変わった

この本に収録《しゅうろく》されているストーリーは、
すべて実話《じつわ》です。

STORY. 1

誰《だれ》かを支《ささ》えたい

山《やま》手《て》学《がく》院《いん》中学校・高等学校 ねころ部

神奈川県横《よこ》浜《はま》市

石崎月乃 | Ishizaki Tsukino

ねころ部の部長。

横山優妃 | Yokoyama Yuki

ねころ部の部員。月乃《つきの》と同学年。

米本明里 | Yonemoto Akari

ねころ部の部員。月乃《つきの》と同学年。

猫《ねこ》のための部活

「あ、リス！」

森の木の枝《えだ》の上をさっとリスが走ったのが見えた。

中学１年生の石崎《いしざき》月乃《つきの》は目を輝《かがや》かせてその様子を追った。動物好きの彼女《かのじょ》にとって、リスが見られるのはラッキーなことだ。

しかも、ここは学校のキャンパス。

月乃《つきの》が入学した中高一貫《いっかん》の山手学院《やまてがくいん》は小高い丘《おか》の上に校舎《こうしゃ》があり、森で囲《かこ》まれている。森からは小鳥たちのさえずりが聞こえていた。こんな学校、他にはなかなかないと思う。

この自然豊《ゆた》かな環境《かんきょう》は、月乃《つきの》が進学先を決めた理由の１つだが、それ以上に月乃《つきの》を惹《ひ》きつけるものがこの学校にはあった。

それは「ねころ部」。

いっぷう変わった名前だけれど、猫《ねこ》に関わる部活だ。

その部活では、保護《ほご》された猫《ねこ》の里親探《さが》しを手伝ったり、ボランティア団体《だんたい》と動物愛護《あいご》活動をしたりしている。

動物の中でも特に猫《ねこ》が好きな月乃《つきの》は、入試説明会でその存在《そんざい》を知った時に運命を感じた。そして、入学前に見学した文化祭のねこ ろ部のブースで、実際《じっさい》に猫《ねこ》と触《ふ》れ合ってからは、これはもう絶対《ぜったい》に入るしかない、と思っていた。

今日はその部活にはじめて参加する日だ。

「えーっと、中央棟《とう》は……。え、もしかして、あれ？」

ねころ部のチラシを頼《たよ》りに向かった先には、まるで廃墟《はいきょ》のようにも見える古びた建物があった。４階建ての六角形の建物が２棟《とう》並《なら》んでいる。窓《まど》からも見えるカーテンは少しよごれていて、中途半端《ちゅうとはんぱ》に開いていた。

「あの中に部室があるの？」

おそるおそる１階の玄関《げんかん》に足を踏《ふ》み入れる。中に入ってみると、思っていたよりはすっきりとしていて清潔《せいけつ》そうだった。少し薄暗《うすぐら》かったが、不安な気持ちはやや軽くなる。

どこからともなく楽器の音が聞こえ、2階からは人が走り回るような音も聞こえた。

部活の新入生歓迎《かんげい》の時期で、チラシを持った先輩《せんぱい》たちもうろうろしている。

まだ少しどきどきしながら、中央棟《とう》の中を歩き回る。しかし、ねころ部の部室が見当たらない。

「本当にここ、だよね？」

月乃《つきの》は避難経路《ひなんけいろ》の地図を見てみたが、ねころ部の部室が入っているという部屋の名前を見つけることはできなかった。

「どうしよう……」

「どこか探《さが》しているの？」

声をかけてくれた人は、手にしたチラシからどうやら演劇《えんげき》部の先輩《せんぱい》らしいということがわかった。ねころ部のことを伝えると、「こっちだよ」と親切に案内してくれる。

部室は2階の奥《おく》にあった。

スチール製《せい》の重いドアを開ける。

床《ゆか》に人が座《すわ》っていた。正確《せいかく》には、ジョイントマットが敷《し》き詰《つ》めてあって、その上で先輩《せんぱい》たちが編《あ》み物をしていた。「あ、誰《だれ》か来た」という感じでやんわりと迎《むか》え入れてくれる。想像《そうぞう》していたよりずっとアットホームな雰囲気《ふんいき》だった。

なんだかいい場所だな……。

月乃《つきの》は一瞬《いっしゅん》でその雰囲気《ふんいき》が気に入った。

でも、この時はまだ、ねころ部が月乃《つきの》にとってかけがえのない大切な場所になる、とまでは思っていなかった。

「あの、猫《ねこ》はどこですか？」

「あー、部室にはいないんだよね。ごめんね、だますような感じになっちゃって」

先輩《せんぱい》の話によると、猫《ねこ》と実際《じっさい》に触《ふ》れ合えるのは、文化祭や里親会などの特別な時だけということだった。

学校でも猫《ねこ》と遊べると思い込んでいたので、それは少し残念なことだった。

それでも、部活の時間は月乃《つきの》にとって楽しみなものになった。

その理由の1つが、一緒《いっしょ》に入部した同級生たちの存在《そんざい》だ。

「ねえ、この部室ってさ、すごくわかりにくいところにあるよね」

「そうそう、私《わたし》も最初に来る時迷《まよ》って、一度帰りかけたもん」

「えー、危《あや》うく部員が1人減《へ》るところだったんだ。私《わたし》はね、ぐるぐるしてたら空手部の先輩《せんぱい》に助けてもらっちゃったよ」

ねころ部の新入生、米本明里《よねもとあかり》と横山優妃《よこやまゆき》と笑いながら部室を出る。

月乃《つきの》はこの2人とすぐに仲良しになって、一緒《いっしょ》に登下校するようになった。朝は、横浜《よこはま》駅の決まった車両に乗る約束をして待ち合わせている。

明里《あかり》は一見クールに見える感じだが、実は周りのことをよく見ている。落ち着いているから、頼《たよ》りになる。

優妃《ゆき》はとにかくやさしい子だ。乱暴《らんぼう》な言葉を使っているところは想像《そうぞう》することすらできない。のんびりしているように見えて、実は芯《しん》が強いと思う。

この2人の他にも、月乃《つきの》と同時に入部した同級生がたくさんいて、みんな個性《こせい》的だけれどいい子たちだったので、月乃《つきの》は部活にはすんなりとなじむことができた。

部活の時間の主な過《す》ごし方は手芸だ。

「あ、失敗しちゃった」

「そこはこうやってやるとうまくいくよ」

「ほんとだー」

「ねえねえ、今日ね、数学の先生がね……」

おしゃべりをしながら手芸で小物を作る。

月乃《つきの》にとって、こんなふうに過《す》ごしている時間は楽しくてしょうがない。とてもリラックスできて、まるで自分の家にいるような気さえしてくる。学校にいるということを忘《わす》れてしまいそうだ。

このおしゃべりをしている時間は、一見、猫《ねこ》の保護《ほご》にまったく関係なさそうだし、ただ遊んでいるだけのようにも見えるかもしれない。

けれど、実はこれも重要なねころ部の活動だ。ここで作った小物を文化祭で販売《はんばい》し、その売り上げを動物保護《ほご》団体《だんたい》に寄付《きふ》するのだ。

小物作りと並行《へいこう》して、月乃《つきの》たちは1年目の文化祭に向けて少しずつ準備《じゅんび》を進めていった。

文化祭のもう1つの大きな出し物は、動物にまつわる問題を模造紙《もぞうし》にまとめて発表することだ。

「今年は中学1年生が多いから、1年生だけのグループでやってみようか」

「え!」

いきなり大きな役割《やくわり》をふられ、月乃《つきの》たちはとまどった。

動物にまつわる問題といっても、一体どんなものがあるのか想像《そうぞう》もつかない。月《つき》乃《の》はただ猫《ねこ》が好きだから、この部活に入っただけなのだ。他の同級生もみな同じような感じだ。

ねころ部は捨《す》て猫《ねこ》に関する活動をしているというから、とりあえずその辺りのことから先輩《せんぱい》や先生の話を聞いたり、インターネットで調べてみたりする。

月乃《つきの》はとにかく同級生みんなの意見を引き出そうと、たくさん話を聞いた。そうして、みんなの意見をとりまとめて、捨《す》て猫《ねこ》の保護《ほご》の仕方に関するテーマで書こう、ということころまでもっていくことができた。

みんなで作業を分担《ぶんたん》して模造紙制作《もぞうしせいさく》を進めていく。

「一年生！　遅《おそ》いよ！　こんなんじゃ文化祭に間に合わないよ」

「ごめんなさい！」

いつもはのんびりしたねころ部が、この時ばかりはぴりぴりした雰囲気《ふんいき》になる。

先輩《せんぱい》たちに叱《しか》られつつ、月乃《つきの》たちはなんとか模造紙《もぞうし》をまとめ上げた。

けれど、できあがったものを見て、月乃《つきの》は先輩《せんぱい》たちが作ったものとの出来の差にがくぜんとする。

「わたしたちって、実は猫《ねこ》のこと、何も知らないんだ……」

この時、やさしいねころ部の裏《うら》にかくれた厳《きび》しい面を、月乃《つきの》ははじめて意識《いしき》した。

元々《もともと》、ねころ部は、岡本《おかもと》ジュリー先生が広大な山手学院《やまてがくいん》のキャンパスに迷《まよ》い込《こ》んできた野良猫《のらねこ》を助ける活動をしていたことからスタートした。かつて、山手学院《やまてがくいん》のキャンパスにはたくさんの野良猫《のらねこ》がいて、問題となっていた。そこで、ジュリー先生は地域《ちいき》の人たちとその猫《ねこ》たちを捕《つか》まえて避妊手術《ひにんしゅじゅつ》を施《ほどこ》し始めたのだ。猫《ねこ》はかわいいが、何もせずに放置するわけにはいかない。

やがて山手学院《やまてがくいん》の生徒たちの中にも活動に協力する生徒たちが現《あらわ》れ、それからしばらくして部として成立した。

部活になってからは、文化祭での物品の販売《はんばい》やポスターの展示《てんじ》に加えて、動物保《ほ》護団体《ごだんたい》が主催《しゅさい》する里親会でのボランティアなどもするようになった。

また、週2回の活動日には、ジュリー先生がペットにまつわる社会問題、たとえば悪質《あくしつ》なブリーダーのことなどについてレクチャーしてくれる。

月乃《つきの》にとってそれらの話は衝撃《しょうげき》的で、ペットがただかわいいだけのものではない、ということがだんだんわかってきた。月乃《つきの》は、もっといろいろなことを知りたい、なにか自分も助けになりたい、と思うようになっていった。

動物たちとの触《ふ》れ合い

ねころ部の生徒たちが手伝っている里親会では、やむを得ない事情《じじょう》で飼《か》い主が飼《か》えなくなってしまったペットや、拾われたりして施設《しせつ》に保護《ほご》された動物たちの新しい飼《か》い主（里親）を探《さが》している。

「ボランティアさんたちの足手まといにならないように、がんばらなくちゃ」

月乃《つきの》は意欲《いよく》的に里親会に参加した。かわいそうな動物たちのために、自分ができることをしたいと思っていた。

「月乃《つきの》ちゃん、今日の里親会、楽しみだねえ。猫《ねこ》、いるかな」

優妃《ゆき》はうれしそうだ。猫好《ねこず》きの彼女《かのじょ》は、里親会で猫《ねこ》と触《ふ》れ合えるのを楽しみにしている。

「私《わたし》はやっぱり緊張《きんちょう》するな。大人の人とも話さなきゃいけないから」

明里《あかり》は少し心配そうにつぶやいた。

「でも、かわいい子、いるかもしれないよ」

「そうだよね。そのために来てるからね」

明里《あかり》も動物が大好きなので、苦手な場にも積極的に顔を出すようになっていた。

里親会は、動物病院や動物保護《ほご》施設《しせつ》などの一角を借りて行う。

来てくれた人が保護《ほご》されている犬や猫《ねこ》と直接《ちょくせつ》触《ふ》れ合うことができ、その中に気に入った子を見つけたら、保護《ほご》団体のスタッフと面談をする。もし、生活条件《じょうけん》などがその子にぴったりと合っていれば、里親になってもらうことになる。

里親会にいる動物たちの中には、人との関係でつらい思いを経験《けいけん》した子たちもいる。そういった子たちは不用意に触《ふ》れられるとかみついてしまったりすることがある。

月乃《つきの》たちの役目は、そういった子たちを和《なご》ませ、落ち着かせることだ。

「よしよし、だいじょうぶだからね。こっちにおいで」

「あー、デメスケ！　いい子だねえ」

今日は犬が多く集まっている日だった。月乃《つきの》たちは犬たちにやさしく声をかけ、丁寧《ていねい》になでてやる。

なでられた犬が自分の足下に横たわり、はっはっと気を許《ゆる》したように息を吐《は》く。毛並《けな》みからてのひらに伝わる温かさを感じて、なんだかやさしい気持ちになってくる。

こうして動物たちに触《ふ》れていると、自分で飼《か》いたい、と思うようになっても不思議ではない。

そのようにして、ねころ部の部員が里親になることもある。

優妃《ゆき》もそのうちの1人で、ザッピーとプラミーという2匹《ひき》の猫《ねこ》の里親になった。

ザッピーは里親会ではじめて会った時から好奇心旺盛《こうきしんおうせい》で、すぐに抱《だ》っこさせてくれるような子だった。一方のプラミーは慎重派《しんちょうは》で、ケージの奥《おく》からじっとこちらを見ている子だった。2匹《ひき》のことを一目で気に入った優妃《ゆき》はすぐに引き取った。今ではその2匹《ひき》はすっかり優妃《ゆき》の家になじんでいて、もはや人間の家族と変わらないくらい大事な存在《そんざい》となっている。

優妃《ゆき》がザッピーとプラミーを飼《か》ったように、月乃《つきの》も猫《ねこ》を飼《か》いたいと思っていた。月乃《つきの》が生まれた時からずっと飼《か》っていた灰色《はいいろ》の猫《ねこ》、アルマが亡《な》くなってしまっていたからだ。次に飼《か》う猫《ねこ》もアルくんと同じような灰色《はいいろ》の猫《ねこ》がいい、と月乃《つきの》は思っていた。

母もその気持ちは同じで、ねころ部のジュリー先生に「無地か灰色《はいいろ》の猫《ねこ》がいたらぜひ引き取りたい」と、伝えていた。

中学2年生の冬休みを目前に控《ひか》えたある日、ついに先生が猫《ねこ》の情報《じょうほう》を持ってきてくれた。鎌倉《かまくら》にある動物を預《あず》かる施設《しせつ》から、里親を探《さが》している猫《ねこ》がいる、という話が来たというのだ。

その猫《ねこ》は野良猫《のらねこ》で、とある女性《じょせい》がエサやりをしていたけれど、アパートの部屋の中にまで入ってくるようになってしまって手に負えなくなり、施設《しせつ》に預《あず》けられた、ということだった。

月乃《つきの》はさっそく、その猫《ねこ》を見に、猫《ねこ》を預《あず》かってくれている女性《じょせい》の家へ向かった。母と2人で江ノ電《えのでん》に乗り、目的の駅で降《お》りる。なんとなく運命的な日になりそうな気がして、スマホで降《お》りた駅の写真を撮《と》った。

地図を頼《たよ》りにたどり着いた、海沿《うみぞ》いにある大きなお宅《たく》のインターフォンを押《お》す。

若《わか》い女性《じょせい》が2人を出迎《でむか》えてくれた。

その家では何匹《なんびき》も猫《ねこ》を保護《ほご》しているようで、あちこちに猫《ねこ》を入れておくケージが並《なら》んでいた。猫《ねこ》たちは少しおびえたような様子でこちらをうかがっている。月乃《つきの》はその様子を横目でうかがいながら、2階へと上がっていった。

月乃《つきの》が案内されたケージには濃《こ》い灰色《はいいろ》の猫《ねこ》が3匹《びき》、ケージの上のほうに寄《よ》り添《そ》うようにかたまっていた。

「うわーかわいいね。お母さん、どの子にしようか」

「どの子がアルくんに似《に》ているかな」

母と相談していると、1匹《びき》の猫《ねこ》がケージの上段《じょうだん》から下りてきて、月乃《つきの》に甘《あま》えるように近づいてきた。

「ねえ、この子アルくんに似《に》てない？」

「うん、そっくりだね」

こうして月乃《つきの》はその猫《ねこ》を引き取ることにした。名前はハルと名づけた。

ハルは警戒心《けいかいしん》の強い猫《ねこ》で、月乃《つきの》の家に引き取られてからも、常《つね》に人や他の猫《ねこ》から距離《きょり》を取っていた。なるべく人の目に入らないところにずっといるような子だった。

月乃《つきの》はオモチャで気を惹《ひ》きつつ、ハルと少しずつ距離《きょり》を縮《ちぢ》め、3か月後にようやく打ち解《と》けることができた。

慣《な》れたハルは甘《あま》えん坊《ぼう》だった。月乃《つきの》がどこかに行こうとすると、甘《あま》えた声でにゃーにゃー鳴きながら、どこまでもひたすらついてくる。今まで飼《か》っていた猫《ねこ》にこんな子はいなかったから、驚《おどろ》くとともに、うれしくもあった。

月乃《つきの》も、学校から帰ると一直線にハルのほうへ向かっていって、ハルを抱《だ》きかかえる。そうすると、ハルは気持ちよさそうに月乃《つきの》に身を寄《よ》せるのだ。

動物を飼《か》うということ

しかし、猫《ねこ》を飼《か》うというのは一筋縄《ひとすじなわ》ではいかない。時に事件《じけん》が起こることもある。

月乃《つきの》が高校1年生の秋ごろ、ハルが家から脱走《だっそう》してしまった。

朝、家を飛び出して、いなくなってしまったのだ。それから一日中、家族総出《そうで》で一生懸命《いっしょうけんめい》探《さが》したが、手がかりは全然見つけられなかった。

結局、夜になってもハルは帰ってこなかった。

もし、このまま帰ってこなかったどうしよう。

不安な気持ちがどんどん大きくなる。インターネットで、猫《ねこ》がかくれることが多い場所を調べたり、猫《ねこ》を呼《よ》ぶ方法を調べたり、とにかくできることを続けた。しかし、ハルは翌日《よくじつ》、月曜日の朝になっても帰ってこなかった。

ちょうどその日はねころ部の活動日。月乃《つきの》は部室でジュリー先生に相談した。

「先生、どうしよう……」

月乃《つきの》はいつもの冷静さを失っていた。

「どうしたの、月乃《つきの》ちゃん」

先生があわてて月乃《つきの》の顔をのぞきこむ。

「ハルくんがいなくなっちゃったんです。昨日も一日中探《さが》したのに見つけられなくて……」

「うん、わかったわ。落ち着いて、話を聞かせて」

動物保護《ほご》団体《だんたい》で預《あず》かっている猫《ねこ》も逃《に》げてしまうことが多い。ジュリー先生は猫《ねこ》を探《さが》すノウハウをよく知っている。

「まず、ポスターをとにかくたくさん作ること。７００枚《まい》は必要ね。それを濡《ぬ》れないようにビニール袋《ぶくろ》に入れて、目の高さに貼《は》って。それから、できれば近くのおうちの敷地《しきち》の中も確認《かくにん》させてもらうといいですね。意外な手がかりが得《え》られることがあるから」

「はい」

「保健所《ほけんしょ》と、警察《けいさつ》と、衛生局《えいせいきょく》に連絡《れんらく》をすることも忘《わす》れないで。保健所《ほけんしょ》は１回だけではなく、一日おきに何度も連絡《れんらく》を入れること。しつこいと、向こうも気にしてくれます」

月乃《つきの》は、話を聞いてすぐに家に帰った。

部屋に戻《もど》り、ポスターを作っていると、かすかに猫《ねこ》の鳴き声が聞こえた気がした。

「ねえ、お母さん。猫《ねこ》の声が聞こえない？」

「そう？　私《わたし》には聞こえないけれど。でも、念のために外に出て確認《かくにん》してみる？」

2人で外に出る。

やっぱり、猫《ねこ》が鳴いている気がする。でも、夜なので、どこから聞こえてくるのかはわからない。

「ハルくん、ハルくん」

声のするほうに行くと、そのたびに鳴き声が止まってしまう。

しかし、じっとしていると、またかすかに鳴き声が聞こえる。物音は少しずつこちらに近づいているようだ。

すると、黒い影《かげ》がざっと家の中に飛び込《こ》んできた。

ハルだ！

月乃《つきの》が追いかけると、ハルは階段《かいだん》の上のほうで固まっていた。

全身泥《どろ》だらけで、体は細かく震《ふる》えている。目には恐怖《きょうふ》の色が浮《う》かんでいた。月乃《つきの》はハルを安心させ、少しずつ近づいていった。よかった。ハルが戻《もど》ってきてくれた。

月乃《つきの》はすぐにジュリー先生にメールを送った。

「先生、ハルくんが見つかりました！」

「本当によかったですね。きっと月乃《つきの》ちゃんの思いが通じたんですよ」

ハルがいない間は、ずっと不安だった。

すぐに帰ってくるかもしれない、という思いと、一生帰ってこないかもしれないという思いが交互《こうご》にやってきた。


先生も、もし猫《ねこ》がいなくなってしまうと、亡《な》くなるよりもつらいと言う。なぜなら、永遠《えいえん》にあきらめられなくて、ずっと探《さが》し続けることになるから。

これまでずっと猫《ねこ》とつきあってきた先生は、楽しい経験《けいけん》もつらい経験《けいけん》もしている。

ねころ部は、そんな先生の想《おも》いでできているから、猫《ねこ》を飼《か》っていて苦しい時に、この上なく頼《たよ》りになる存在《そんざい》として側《そば》にいてくれるのだ。

優妃《ゆき》の飼《か》っているザッピーにもトラブルが起きたことがある。

ザッピーは甘《あま》えん坊《ぼう》の猫《ねこ》で、優妃《ゆき》が勉強をしているといつも抱《だ》っこをしてほしいとねだってくるような子だ。特に、テスト前に限《かぎ》ってそれは頻繁《ひんぱん》になり、何十回も繰《く》り返される。根負けして抱《だ》っこすると、もう1匹《ぴき》のプラミーもそれに便乗して次に抱《だ》っこしてもらおうと待ち構《かま》えるのだ。優妃《ゆき》は彼《かれ》らを抱《だ》っこしては、隣《となり》にあるベッドに放り投げて寝《ね》かせ、勉強してまた抱《だ》っこをするというのを永遠《えいえん》に繰《く》り返すことになる。

そんなザッピーだが、優妃《ゆき》が高校2年生になった春、とつぜん苦しそうに何度も吐《は》くようになってしまった。ザッピーはもともと吐《は》き癖《ぐせ》があったが、これは異常《いじょう》だ。すぐに病院に行ってレントゲンを撮《と》ってもらう。けれど、原因《げんいん》がわからない。

優妃《ゆき》はすぐにジュリー先生のところに相談に行った。

「先生、ザッピーがおかしいんです。何度も吐《は》いちゃって」

「それは心配ね。猫《ねこ》は病気で亡《な》くなってしまうこともあるから……」

「え、そうなんですか？　ザッピー、死んじゃうんですか？」

優妃《ゆき》の目から思わず涙《なみだ》がこぼれる。

本当に死んでしまったらどうしよう。なにかわたしがいけないことをしてしまったのではないか。

優妃《ゆき》は今までみんなに見せたことがないほど取り乱《みだ》した。

「大丈夫《だいじょうぶ》よ。きっとよくなるから。今は、病気のことをきちんと調べて対処法《たいしょほう》を考えましょう」

「優妃《ゆき》、落ち着いて」

月乃《つきの》が優妃《ゆき》にそっと手を添《そ》える。

「私《わたし》、天国のおばあちゃんにお願いするから。ザッピーがそっちに行きそうになったら帰りなさい、って言ってくれるように。だから、しっかりして」

動物好きが集まる部活だから、優妃《ゆき》のつらい気持ちがみんなには痛《いた》いほど伝わっていた。みんなの励《はげ》ましで優妃《ゆき》も少しずつ落ち着きを取り戻《もど》す。

「……うん。そうだよね、私《わたし》がしっかりしないとザッピーも不安だよね」

幸いなことに、ザッピーはすぐに回復《かいふく》し、またいつもの元気な姿《すがた》を見せてくれるようになった。ザッピーは、今ではそんなことがあったなんてすっかり忘《わす》れてしまったみたいに、元気いっぱいだ。

猫《ねこ》などの動物を飼《か》うということは、楽しいことばかりではない。時につらい思いをすることもある。

でも、みんなその気持ちがよくわかる。だからそんな時に、ねころ部の仲間たちはお互《たが》いにお互《たが》いのことを支《ささ》えることができるのだ。

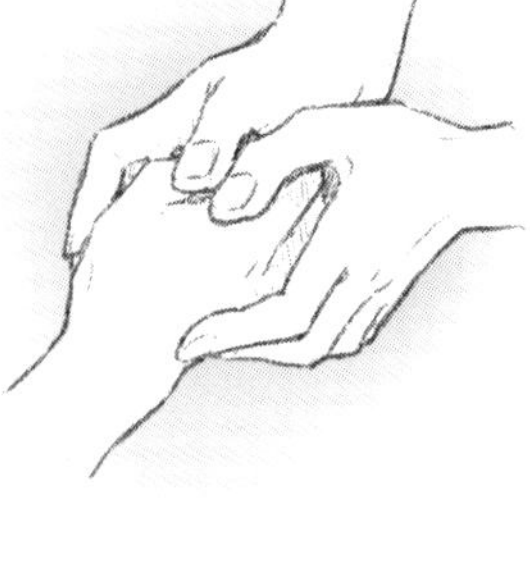

これからのねころ部

「え、何その筒《つつ》？」

気がつくと部室に紙を丸めて作った筒《つつ》が転がっていた。よく見ると大きく見開いた目と、とんがった口が描《か》いてある。

「タコ……？」

「イカだよ！」

「え。っていうか、そもそもなんでタコを作ってるの？」

「だから、イカだって！」

文化祭の展示《てんじ》のテーマを考えていたはずが、いつの間にか工作タイムになっていた。周りの子たちも刺激《しげき》されて、次々《つぎつぎ》に変てこな絵を描《か》いていく。気がつくと、落書き大会が始まっていた。

それを見ながら、止まらないおしゃべりに花が咲《さ》く。

「そのキャラの顔、ちょっとやばくない？」

「そっちのほうこそ！」

ねころ部の毎日はとにかくハイテンションなおしゃべりでできている。中学生の部員も高校生の部員も関係なく、みんなが和気藹々《わきあいあい》としゃべり続ける。

「明里先輩《あかりせんぱい》、勉強ってどうやったらできるようになりますか？」

「んー。今、何時間くらい勉強してるの？」

「えっと、30分くらい……」

「それは勉強時間が足りないだけだね。はい、おしまい」

「さすが明里《あかり》、きびしい！」

「だって、そうでしょ」

「えー、そんなあ。あ、月乃先輩《つきのせんぱい》！　聞いてくださいよお、明里先輩《あかりせんぱい》が……」

部室に楽しい笑い声が響《ひび》く。

そんなみんなの姿《すがた》を見ながら、月乃《つきの》は毎日が楽しくてしょうがない。

顧問《こもん》のジュリー先生はそんな彼女《かのじょ》たちのことを温かい目で見守っている。

ねころ部には時々《ときどき》、人とうまくつきあえなくなってしまった生徒が迷《まよ》い猫《ねこ》のように入部してくる。彼《かれ》らは総《そう》じて繊細《せんさい》でやさしい子たちだ。

そんな子たちにとってねころ部は温かな居場所《いばしょ》となっている。それが成り立っているのは、月乃《つきの》たちやさしい先輩《せんぱい》たちの存在《そんざい》によるところが大きい、と先生は思っている。

最初は支《ささ》えられていたはずの子たちが、いつの間にか支《ささ》える側になっているのだ。

月乃《つきの》は中学3年生の時に部長になった。当時部長だった高校生が引退《いんたい》する時に先生と先輩《せんぱい》から指名されたのだ。

「月乃《つきの》ちゃん、これから部長をお願いね」

「はい、がんばります」

そう返事をしたものの、本当に自分でいいのか、ちゃんとこなせるのか、と心の中はとにかく不安でいっぱいだった。

部長になってからもしばらくは、もっとふさわしい人がいるのでは、という気持ちがぬぐえなかった。自分の周りには自分よりも頭の回転が速い子や、人のことを考えられる子が他にいたからだ。

月乃《つきの》はそういった部員たちの意見を聞いて、どんどん取り入れていった。中にはシャイな子もいたが、さりげなく声をかけ、丁寧《ていねい》に話に耳を傾《かたむ》けた。

そして、部員みんなが盛《も》り上がっている時には、なるべく客観的に場を眺《なが》めることに努めた。

突出《とっしゅつ》した人になるのではなく、みんなと同じ立場で、みんなの意見をまとめる役をやろう。それが月乃《つきの》の考えたやり方だった。みんなの前で話したり、まとめたりするのだけは、できるという自信があったから。

それは、ただみんなの意見を横に流しているだけなのかもしれない、と迷《まよ》いを感じることもある。

でも、それが自分の部長のスタイルなのだと月乃《つきの》は思う。みんなの力を引き出して、大きな力とする。その仲間がねころ部にはいる。

我《が》を通さないところは自分ではあまり好きな気質《きしつ》ではないが、もしかしたらそういった面は、部長として向いていたところなのかもしれない。

最近、ねころ部の活動が注目され、新聞などの取材を受けることも増《ふ》えてきた。部長になった月乃《つきの》は、そのたびにねころ部で取り組んでいる活動について説明をする。

「月乃《つきの》って本当に説明が上手《じょうず》だよね。言うべきことがちゃんと整理されてるっていうか」

「私《わたし》もそう思いますよ。月乃《つきの》ちゃんは動物のよさをアピールするのが上手《じょうず》だし、説明がきれいですね。近ごろますます頼《たの》もしくなってきているのを感じます」

同級生も先生も月乃《つきの》の説明をほめてくれる。

正直、そう言ってもらえるのは誇《ほこ》らしくもある。

でも、最近、それだけじゃ満足できなくなってきている自分に、月乃《つきの》は気づき始めていた。自分が説明しているのは、先生や先輩《せんぱい》たちが築《きず》き上げてきたものであって、自分たちはただそのお下がりをもらっているだけにすぎないのではないか、と。

月乃《つきの》たちはねころ部に入ってもう5年目。部活のこともよくわかるようになっているし、動物たちが置かれている状況《じょうきょう》についても、知識《ちしき》が増《ふ》えてきた。

そろそろ、自分たちで何かをする番だ、と月乃《つきの》は思う。

自分たちを支《ささ》えてくれたねころ部を、今度は自分たちが支《ささ》えていきたい。

何ができるかは、まだわからない。けれど、助けを必要としている猫《ねこ》のために自分たちができることが、必ずある。

「みんなと考えたら、きっと」

自分の意見を表に出すことは緊張《きんちょう》する。

でも、ねころ部のみんななら、きっと受け入れてくれるはずだ。

月乃《つきの》は今まで密《ひそ》かに温めていた思いを、みんなに打ち明けることに決めた。

今、月乃《つきの》の中で、ねころ部の新しい姿《すがた》がその芽を出そうとしている。


（文／近江屋一朗）

STORY. 2

分かち合う感動

大《おお》西《にし》学《がく》園《えん》中学校・高等学校 吹《すい》奏《そう》楽《がく》部

神奈川県川崎市

坂本有佳里（サカモ）｜Sakamoto Akari

トランペット担当《たんとう》。フラフープ演奏《えんそう》に参加。

吉田萌恵（モエちゃん）｜Yoshida Moe

クラリネット担当《たんとう》。ダブルダッチ演奏《えんそう》に参加。

堤早希（ツミツミ）｜Tsutsumi Saki

アルトサックス担当《たんとう》。MC担当《たんとう》。

演奏《えんそう》をしながら⁉

大西学園《おおにしがくえん》中学校・高等学校吹奏楽部《すいそうがくぶ》の部長、3年生の「サカモ」こと坂本有佳里《さかもとあかり》はステージの中央に進み出た。

片手《かたて》には愛用の銀色に光るトランペット。サカモの後ろには、トロンボーン、チューバ、打楽器……と並《なら》び、全部で6人の部員が位置についた。

少人数での合奏《がっそう》「アンサンブル」が行われるかと思いきや、サカモたちは普通《ふつう》の吹奏楽部《すいそうがくぶ》ではまず使わないものを手にしていた。

それは、フラフープだ。

特に小学生に人気の、腰《こし》で回して遊ぶあのフラフープを部員たちが持っていることに客席がざわつく。と、サカモたちは楽器を手にしたままフラフープに体を通し、腰《こし》の周りで回転させ始めたのだ。

観客たちが「えっ⁉」と驚《おどろ》く顔をした。

サカモはそれを見て「よし、やった！」とうれしくなった。サカモは観客から注目を集めるのが大好きだった。フラフープを回すたびに、２つ結びにした髪《かみ》が頭の後ろで揺《ゆ》れた。

（この後も、もっともっと驚《おどろ》かせてやろう！）

そう思いながらサカモは腰《こし》でフラフープを回転させ、トランペットのマウスピースを唇《くちびる》に当てた。そして、楽器に勢《いきお》いよく息を吹《ふ》き込《こ》む。

伸《の》びのある澄《す》んだトランペットの音が、客席に向けてはじけ出した――。

大西学園は神奈川県川崎市にある私立校《しりつこう》だ。２０１９年度の吹奏楽部《すいそうがくぶ》は中学生１人、高校生34人の合計35人という比較的小規模《ひかくてきしょうきぼ》で活動している。

他の学校の吹奏楽部《すいそうがくぶ》と同じように吹奏楽《すいそうがく》コンクールやマーチングコンテストに参加し、毎年１月には「ハートフルコンサート」と名付けられた定期演奏会《えんそうかい》を行っている。ロングトーンやスケールといった基礎《きそ》練習もしっかりやっているし、挨拶《あいさつ》や返事を徹底《てってい》しているところもいかにも吹奏楽部《すいそうがくぶ》といった感じだ。

マウスピース
管楽器で口を当てて息を吹《ふ》き込《こ》む部分の部品。

ロングトーン
金管楽器の練習の一つ。一定の高さの音をできるだけ長くのばして発すること。

スケール
音階のこと。たとえば「ドレミファソラシド」を行き来する練習がスケール練習。

しかし、大西学園には他の学校とははっきりと違《ちが》う特徴《とくちょう》がある。

ひとつは「踊《おど》り吹《ぶ》き」と呼《よ》ばれる演奏《えんそう》だ。

これは言葉のとおり、踊《おど》りながら演奏《えんそう》すること。吹奏楽《すいそうがく》では人気のポップス曲《メイク・ハー・マイン》や野球応援《おうえん》にも使われる《サンバ・デ・ジャネイロ》、そして、スウィング・ジャズの名曲《シング・シング・シング》といった曲を演奏《えんそう》しながら、全身を激《はげ》しく使ってダンスするのだ。

特に、《シング・シング・シング》のダンスは、マーチングの強豪校《きょうごうこう》であり、オレンジ色のミニスカートの衣装《いしょう》を着用していることから「オレンジの悪魔《あくま》」とも呼《よ》ばれている京都橘《きょうとたちばな》高校の振《ふ》り付けを参考にしている。顧問《こもん》の吉川勇児《よしかわゆうじ》先生が京都《きょうと》橘《たちばな》から許可《きょか》を得《え》て実現《じつげん》したものだ。

一般《いっぱん》的な吹奏楽部《すいそうがくぶ》でも楽器を上下左右に振《ふ》ったり、立ち上がって演奏《えんそう》したりすることはあるが、完全に椅子《いす》も譜面台《ふめんだい》もない状態《じょうたい》で激《はげ》しいダンスをしながら演奏《えんそう》するバンドはそう多くない。

そして、大西学園にはもう一つの特徴《とくちょう》がある。それが「曲芸演奏《えんそう》」だ。

《メイク・ハー・マイン》
作詞《さくし》・作曲／エリック・リース。原曲は、1960年代のイギリスのバンド、ヒップスター・イメージが歌った楽曲。

《サンバ・デ・ジャネイロ》
作詞《さくし》・作曲／ゴットフリード・エンゲルス、アイアート・モレイラ、ラモン・ツェンカー。原曲はドイツのバンド、ベリーニが1997年に発売したデビュー曲。

《シング・シング・シング》
作詞《さくし》・作曲／ルイ・プリマ。1936年に発表されたスウィング・ジャズの代表曲で、ベニー・グッドマン楽団《がくだん》の演奏《えんそう》が有名である。

こちらは吉川《よしかわ》先生が２０１１年に思いつき、部員たちとともに作り上げてきたものだ。

たとえば、一輪車に乗りながら演奏《えんそう》したり、大縄跳《おおなわと》びやダブルダッチをしながら演奏《えんそう》したり……といったまさしく「曲芸」である。部長のサカモが得意としているフラフープも曲芸演奏《えんそう》の１つだ。

この「曲芸演奏《えんそう》」をしているバンドは、日本に何千とある吹奏楽部《すいそうがくぶ》の中でも大西学園くらいしかないだろう。

「踊《おど》り吹《ぶ》き」も「曲芸演奏《えんそう》」も、顧問《こもん》の吉川《よしかわ》先生が「コンクール以外に吹奏楽部《すいそうがくぶ》員たちが打ち込《こ》めること、楽しめること、吹奏楽《すいそうがく》に詳《くわ》しくない一般《いっぱん》のお客さんにも心から楽しんでもらえることはないだろうか？」と考えて始めたものだった。

ただ、吉川《よしかわ》先生には明確《めいかく》なポリシーがあり、いつも部員たちにはこう言い聞かせていた。

「踊《おど》りや曲芸のせいで演奏《えんそう》のレベルが下がるのは本末転倒《ほんまつてんとう》。目をつぶって聞いたら座奏《ざそう》に聞こえるレベルが理想だよ。もし踊《おど》りや曲芸をやって演奏《えんそう》がダメになるなら

京都橘《きょうとたちばな》高校
京都府にある私立《しりつ》の中高一貫《いっかん》校。オレンジ色の統一《とういつ》ユニホームの吹《すい》奏楽部《そうがくぶ》は、高い演奏《えんそう》力《りょく》とダンス技術《ぎじゅつ》でアメリカ合衆国《がっしゅうこく》パサデナ市のローズ・パレードにも出演《しゅつえん》した。

ダブルダッチ
２本のロープを使った縄跳《なわと》び。

座奏《ざそう》
座《すわ》った状態《じょうたい》で行われる通常《つうじょう》の演奏《えんそう》。

やらないほうがいい」

踊《おど》りや曲芸と演奏《えんそう》の両立を徹底《てってい》すること、まずは「音楽」であることを忘《わす》れないこと——それが大西学園を魅力《みりょく》的なバンドに成長させてきた。

泣き虫部長の意地

多くの部員たちは小学生や中学生のころに大西学園の演奏《えんそう》を見て憧《あこが》れを抱《いだ》き、入部してきていた。

部長のサカモもその1人だ。

両親と兄が吹奏楽経験者《すいそうがくけいけんしゃ》で、幼《おさな》いころからいつもそばに吹奏楽《すいそうがく》があるという環境《かんきょう》でサカモは育った。そして中学生から吹奏楽部《すいそうがくぶ》に入部し、トランペットを担当《たんとう》した。

高校進学を控《ひか》え、学校見学で大西学園へ来た時、《シング・シング・シング》の「踊《おど》り吹《ぶ》き」を目にした瞬間《しゅんかん》に心を奪《うば》われた。

「めちゃくちゃカッコいい！　絶対《ぜったい》ここに入る！」

即決《そっけつ》だった。

実際《じっさい》に大西学園の吹奏楽部《すいそうがくぶ》に入ったサカモは、いきなり壁《かべ》にぶつかった。先輩《せんぱい》たちは常《つね》に行動が速く、移動《いどう》する時は早足、返事も起立も楽器の準備《じゅんび》や片付《かたづ》けも信じられないほどハイスピード。なかなかついていけなかった。

憧《あこが》れていた「踊《おど》り吹《ぶ》き」も、いざ自分でやってみようとすると、まったくできなかった。トランペットを吹《ふ》かなくてもまともに踊《おど》れないのだから、吹《ふ》きながら踊《おど》ろうとすれば、すべてが崩壊《ほうかい》した。

「踊《おど》り吹《ぶ》き」だけではない。

大西学園は吹奏楽《すいそうがく》コンクールでは30人以下の小編成《しょうへんせい》の部に参加しているが、トランペットの1年生3人のうち、サカモだけがメンバー入りできなかった。もともと部員数が30人前後の大西学園でメンバー外になる者はわずかだ。サカモは悔《くや》しさに唇《くちびる》をかんだ。

部員全員で合奏《がっそう》をしている時も、自分だけ明らかに音程《おんてい》が合わなかったり、やや難《むずか》しいフレーズを吹《ふ》けなかったりしたことがあった。そういう時は、思わず涙《なみだ》が出てきた。

また、大西学園が取り組んでいるマーチングもサカモは未経験《みけいけん》だったため、もっとも基本的《きほんてき》な動きがうまくできなかった。吉川《よしかわ》先生から厳《きび》しく指摘《してき》され、「すみま

音程《おんてい》
2つ以上の音の高さの差のこと。通常《つうじょう》は音の高さを意味し、正確《せいかく》な高さでないことを「音程《おんてい》が合わない」と表現《ひょうげん》する。

マーチング
楽器を演奏《えんそう》しながら行進や演技《えんぎ》をすること。

せん！」と返事をしながら号泣したこともあった。

（家族みんな音楽をやってるけど、私《わたし》だけ音楽に向いてないんじゃないかな……）

そんなふうに絶望《ぜつぼう》しては、また泣いた。

（ほんと、私《わたし》って泣き虫だ……）

よくも悪くも感情表現《かんじょうひょうげん》が豊《ゆた》かなのがサカモだった。そして、根性《こんじょう》もある。いくら泣いても、心が折れそうになっても、最後の最後で踏《ふ》みとどまる。

「このまま負けてたまるか！　絶対《ぜったい》あきらめねーぞ！」

どん底から奮起《ふんき》して、座奏《ざそう》に、マーチングに、「踊《おど》り吹《ぶ》き」に取り組んできた。


ようやく大西学園の吹奏楽部《すいそうがくぶ》に溶《と》け込《こ》めてきた1年生の終わりごろ、「曲芸演《えん》奏《そう》」でフラフープを披露《ひろう》するメンバーに欠員が出た。3年生が引退《いんたい》したためだ。

「フラフープをやったことがある人、いるか？」

ミーティングで吉川《よしかわ》先生がそう言った。

サカモは小学校の時に学童クラブでフラフープをやったことがある。だが、一《いっ》瞬躊躇《しゅんちゅうちょ》した。

（私《わたし》、普通《ふつう》にトランペットを吹《ふ》くのも上手《じょうず》じゃないのに、フラフープをやりながら吹《ふ》いたらもっと下手《へた》になっちゃうんじゃないかな。それに、そもそもフラフープしながらトランペットを吹《ふ》けるかどうかもわからないし……）

それでも、やってみようと思った。

憧《あこが》れの大西学園に入って、うまくいかないことばかりだったけれど、「曲芸演《えん》奏《そう》」に挑戦《ちょうせん》したら、何かが変わるかもしれない。

「先生、私《わたし》、フラフープできます！」

サカモは元気よく手を挙げた。

こうしてサカモはフラフープ隊の一員となった。実際《じっさい》にやってみると、やはり難《むずか》しかった。フラフープを回すだけなら簡単《かんたん》にできる。しかし、回しながらトランペットを吹《ふ》こうとすると、意識《いしき》が演奏《えんそう》に向いてしまい、フラフープがうまく回転せずに落ちてしまうのだ。逆《ぎゃく》にフラフープに意識《いしき》を向けると、トランペットのほうがひどい演奏《えんそう》になった。

また悔《くや》しくて涙《なみだ》が出そうになった。

トランペットはメロディ楽器だ。フラフープ隊で演奏《えんそう》する時もサカモはセンターの位置に立つし、音も一番目立つ。

(絶対《ぜったい》できるようになろう！)

ど根性《こんじょう》で何度も繰《く》り返し練習した。

やがて、とりあえずフラフープを回しながら吹《ふ》けるようになった。だが、それだけではまだ足りない。「目をつぶって聞いたら座奏《ざそう》に聞こえるレベルが理想だ」という吉川《よしかわ》先生の言葉を思い出し、演奏《えんそう》に磨《みが》きをかけた。

はじめて人前でフラフープを披露《ひろう》した時は緊張《きんちょう》したが、それよりも「すごい！」という観客の視線《しせん》や拍手《はくしゅ》がうれしかった。

(フラフープに立候補《りっこうほ》してよかった！)

称賛《しょうさん》を全身で感じながらサカモは満面の笑みを浮《う》かべた。

こうした努力と負けん気の強さが評価《ひょうか》され、サカモは3年生になるころ2019年度の吹奏楽部《すいそうがくぶ》部長に選ばれたのだった。

「病《や》み期」を乗り越《こ》えて

（サカモはすごいな。私《わたし》なんてフラフープだけでも10回くらいしか回せないのに、トランペットを吹《ふ》きながらあんなに回してて。しかも、メロディに全然乱《みだ》れがないなんて）

そんなふうにサカモの「曲芸演奏《えんそう》」を見ている部員がいた。

サカモと同級生の「ツミツミ」こと堤早希《つつみさき》。2019年度の副部長で、サカモとは1年生の時からずっと同じクラスだ。

ツミツミはサカモとは対照的な、落ち着いたしっかり者だ。教室でも部活でもずっと一緒《いっしょ》にいるため、よく言い合いもしたが、すぐに仲直りする。お互《たが》いに信頼《しんらい》できる間柄《あいだがら》だった。

ツミツミも大西学園の《シング・シング・シング》に憧《あこが》れて入部してきた部員だった。ただし、運動は大の苦手だ。

（できるかわからないけど、とにかく、やってみよう！）

入部する前、動画共有サイトで大西学園の《シング・シング・シング》を見ながら自宅《じたく》で踊《おど》ってみた。だが、ドタバタするばかりでうまく踊《おど》れない。おまけに親から「うるさい！」と叱《しか》られた。

入部した後、先輩《せんぱい》の指導《しどう》を受けながらダンスを練習してみた。しかし、振《ふ》り付けもうまくできなければ、体力も続かなかった。

ツミツミが入部後に苦労した理由は、運動が苦手なだけではなかった。実は中学校まではパーカッションを担当《たんとう》していたのだが、大西学園に入ってからアルトサックスに転向したのだ。

同級生に打楽器の経験者《けいけんしゃ》が多かったこと、《シング・シング・シング》で最前列で踊《おど》っていたアルトサックスの先輩《せんぱい》がカッコよかったことで、ツミツミは思いきって新しい楽器に挑戦《ちょうせん》することにしたのだ。

しかし、楽器を変えるということは、ほぼ初心者に戻《もど》ることを意味する。アルトサックスを吹《ふ》き始めた時は、そもそも音がうまく出なかった。指10本と指の間まで

パーカッション
打楽器全般《ぜんぱん》のこと。

使うキーの操作《そうさ》も難《むずか》しかった。

周りの同級生たちは中学校から経験《けいけん》してきた楽器をガンガン演奏《えんそう》している。自分とのギャップがあまりにも大きかった。

(サックスもろくに吹《ふ》けないのに、「踊《おど》り吹《ぶ》き」なんてできるようになるのかな？やっぱりパーカッションに戻《もど》ったほうがいいのかも……)

ツミツミは悩《なや》んだ。

合奏《がっそう》練習に参加しても、初心者のツミツミはサックスの音程《おんてい》が周りと合っていなかったり、ミスを連発したりした。吉川《よしかわ》先生には「ひとりで外で練習してきて」と音楽室から出されることもあった。

そんなツミツミの姿《すがた》を、サカモは「大変そうだなぁ……」と思いながら見守っていた。

楽器を吹《ふ》きながらの「踊《おど》り吹《ぶ》き」にはさらに苦労した。

そもそもサックスをまともに吹《ふ》けない上に、激《はげ》しいダンスまで加わる。サックスは樹脂製《じゅしせい》のマウスピースに薄《うす》いリードを装着《そうちゃく》したものを口にくわえて演奏《えんそう》するのだ

リード
おもに木管楽器に使われる音を出すための小さくて薄《うす》い板。

が、踊《おど》っているとそれが唇《くちびる》に刺《さ》さってくる。上達すれば、うまく口に固定して踊《おど》れるようになるのだが、ツミツミは「踊《おど》り吹《ぶ》き」をするたびに唇《くちびる》から血が出てリードが赤く染《そ》まった。

重くて不安定な楽器を持ちながらの演奏《えんそう》は、体力的にもきつかった。

（いくら練習してもうまくならないし、周りの部員との差も縮《ちぢ》まらない。あぁ、「病《や》み期」だわ……）

ツミツミは教室でサカモに「また先輩《せんぱい》に怒《おこ》られた」「もうやだ」などと愚痴《ぐち》をこぼした。ついには、「退部《たいぶ》」という言葉も出るようになった。

「私《わたし》が大西学園の音楽の邪魔《じゃま》になってるんじゃないかな。辞《や》めたいな……」

そんなツミツミに、サカモは言った。

「私《わたし》はツミツミに残ってもらいたいよ。でも、楽しくないまま部活を続けるのはよくないし、部活と距離《きょり》を置いて考えてみるのもいいかもね」

ツミツミは考えた。

吹奏楽部《すいそうがくぶ》をやめた後の自分――。きっといろいろ楽になるとは思う。けれど、そんな高校生活はつまらない気がした。やっぱり自分は吹奏楽《すいそうがく》が大好きだし、うまく演奏《えんそう》できないながらもサックスが好きになってきていた。叱《しか》られても、ミスをして落ち込《こ》んでも、とりあえずは部活を続けていこうとツミツミは思った。

そんなツミツミに転機が訪《おとず》れたのは、高1の終わりごろだった。

とあるイベントに出演《しゅつえん》する時、吉川《よしかわ》先生からMCをやるように言われたのだ。ツミツミのトーク力が買われた……わけではなく、単に司会とソロ演奏《えんそう》で兼用《けんよう》するマイクがアルトサックスの近くに置かれるためだった。

ツミツミは日ごろから滑舌《かつぜつ》が悪いことを気にしていた。トークが得意というわけでもなかった。

「どうしよう、私《わたし》にできるのかな……」

ツミツミは家に帰ってから1人でイベント用の原稿《げんこう》を読む練習をした。それだけでは不安で、家族に聞いてもらったりもした。

MC
司会進行役のこと。

イベントの当日、本番直前になって吉川《よしかわ》先生から驚《おどろ》くべき指示《しじ》が出た。

「原稿《げんこう》を読まずに、暗記でしゃべりなさい」

「そ、そんなぁ！　いきなり言われても……」

ツミツミはパニックになりそうだった。しかし、やるしかない。必死に原稿《げんこう》を頭にたたき込《こ》み、マイクを握《にぎ》った。

「皆《みな》さま、こんにちは。大西学園中・高等学校吹奏楽部《すいそうがくぶ》です――」

心臓《しんぞう》はバクバク。マイクを握《にぎ》る手は汗《あせ》びっしょりだった。

「ほ、本日は愛いっぱい、ゆ…夢《ゆめ》いっぱいに――」

緊張《きんちょう》のあまりたどたどしいＭＣになってしまった。

「うわぁ、カミカミだ！　大丈夫《だいじょうぶ》か!?」

後ろでそれを聞いていたサカモも心配になった。

そのイベントのＭＣはどうにか乗りきったが、決して成功したとは言いがたかった。

だが、ツミツミはそこでめげなかった。楽器や踊《おど》りの練習に加えて、ＭＣの練習もするようにした。教室で一人でブツブツとセリフをつぶやいている姿《すがた》は、事情《じじょう》をわかっているサカモから見ても「怪《あや》しい人」だった。

そして、迎《むか》えた次のイベント。ツミツミが笑顔でマイクを手にし、観客の前に立った。

「皆《みな》さま、こんにちは。大西学園中・高等学校吹奏楽部《すいそうがくぶ》です。本日は愛いっぱい、夢《ゆめ》いっぱいに演奏《えんそう》いたしますので、どうぞ最後までお楽しみください！」

完璧《かんぺき》なMCだった。

（こんな短期間でできるようになっちゃうなんてすごい！　器用なのかな……）

サカモも脱帽《だつぼう》だった。

MCだけではなく、サックスの演奏技術《えんそうぎじゅつ》も急激《きゅうげき》に上達し、サカモが「とても高校から始めたばかりとは思えない。私《わたし》よりうまくなっちゃうんじゃない!?」と思うほどだった。

こうしてツミツミも大西学園中・高校の吹奏楽部《すいそうがくぶ》の欠かせないメンバーになっていったのだった。

もっと私《わたし》たちを知って！

サカモは常々《つねづね》思っていることがあった。

（私《わたし》たちの「踊《おど》り吹《ぶ》き」や「曲芸演奏《えんそう》」をもっとたくさんの人に知ってもらいたいなぁ）

大西学園《おおにしがくえん》のやっていることはオリジナリティにあふれ、誰《だれ》にでも楽しんでもらえるものだ。それは自信を持って言える。自分たちの演奏会《えんそうかい》であるハートフルコンサートはもちろんのこと、川崎《かわさき》市内や近隣《きんりん》の街のイベントで演奏《えんそう》を披露《ひろう》しても、みんな驚《おどろ》き、喜《よろこ》んでくれる。

けれど、全国的に見ればまだまだ名前が知られていない。

（日本中の人に大西学園を知ってもらえるチャンスはないかな？）

ツミツミもそう思っていた。

だが、３年生になって部長と副部長に就任《しゅうにん》した２人には、それ以前に考えなければならないことがあった。

高い技術《ぎじゅつ》を持つ前の3年生が抜《ぬ》けたことで、大西学園の演奏《えんそう》レベルは明らかにガクッと落ちていた。しかも、新3年生のサカモたちはたった7人だけで後輩《こうはい》たちのほうが人数が多く、部を引っ張《ぱ》っていくには頼《たよ》りない状態《じょうたい》だった。

実際《じっさい》、吹奏楽部《すいそうがくぶ》には、気が抜《ぬ》けたような、まとまりのない停滞感《ていたいかん》が漂《ただよ》っていた。

(このままだとまずい)

サカモもツミツミもそう思っていたが、改善策《かいぜんさく》が見当たらなかった。


そんなある日、吉川《よしかわ》先生から部員たちに一つの提案《ていあん》があった。

「去年、うちは吹奏楽《すいそうがく》コンクールで神奈川県代表として東関東大会に出たよね？6月に栃木県足利《あしかが》市で東関東選抜吹奏楽《せんばつすいそうがく》大会というコンクールがあるんだけど、吹《すい》奏楽連盟《そうがくれんめい》から東関東大会に出たうちを推薦《すいせん》したい、っていう話が来ています。出るか出ないか、みんなで話し合って決めるように」

本当なら、願ってもない話のはずだった。しかし、部員たちは誰《だれ》も乗り気ではなかった。

部長のサカモもそうだった。

（去年、東関東大会に出られたのは、うまかった先輩《せんぱい》たちがいてくれたから。先輩《せんぱい》たちが残したよい結果に、今の私《わたし》たちが乗っかっていいのかな？）

ツミツミも思った。

（今の私《わたし》たちが東関東選抜《せんばつ》吹奏《すいそう》楽《がく》大会に出ても、きっと神奈川県代表として恥《は》ずかしい演奏《えんそう》しかできないと思う。だったら、いっそ他の学校に代表を譲《ゆず》ったほうがいいんじゃ……）

しかし、その大会には部員たちの心をくすぐる要素《ようそ》があった。

神奈川・千葉・栃木・茨城の各県から推薦《すいせん》された15団体《だんたい》が出場する東関東選抜《せんばつ》吹《すい》奏楽《そうがく》大会は、コンクールでありながら、「15分以内で2曲以上演奏《えんそう》する」という基《き》本《ほん》ルール以外には特別な縛《しば》りがない。

つまり、大西学園が得意とする「曲芸演奏《えんそう》」や「踊《おど》り吹《ぶ》き」ができるのである。

サカモは思った。

（これって、大西学園をもっとたくさんの人たちに知ってもらう絶好《ぜっこう》のチャンスじゃない!?　それに、もしかしたら大会に参加することで今の悪い空気を変えられるかも……）

ツミツミも同じ考えだった。

（大会に参加することで、みんながまとまってくれたらいいな）

しかし、やはり部員たちは煮《に》えきらなかった。

思い切ってサカモが提案《ていあん》した。

「東関東選抜《せんばつ》吹奏《すいそう》楽《がく》大会に出たいか出たくないか、無記名で投票をします。全員一致《いっち》で『出たい』となったら出場しましょう」

投票を行ったところ、全員が「出たい」だった。中には自分の意に反して「出たい」に投票した者もいるようだったが、結果は結果だ。

サカモは吉川《よしかわ》先生に「出ます」と伝えた。

ダブルダッチに大苦戦

東関東選《せん》抜《ばつ》吹《すい》奏《そう》楽《がく》大会に出場することが決まった大西学園だったが、部員の中で1人、「大丈夫《だいじょうぶ》かな……」と不安を抱《かか》えている者がいた。

高校2年でクラリネット担当《たんとう》の「モエちゃん」こと、吉田萌恵《よしだもえ》だ。クラリネットパートには3年生がいないため、モエちゃんは2年生にしてパートリーダーを務《つと》めていた。

いつもニコニコと人なつこい笑《え》みを浮《う》かべ、素直《すなお》で謙虚《けんきょ》なモエちゃんは、サカモたち3年生から非常《ひじょう》に信頼《しんらい》されていた。「あまりにいい子すぎて、自分の中だけにストレスを溜《た》め込《こ》んじゃっていないか」と心配されるほどだった。

1年生のころはサカモやツミツミと同じように「踊《おど》り吹《ぶ》き」の習得《しゅうとく》、楽譜《がくふ》を暗譜《あんぷ》しなければいけないことなどに苦労したが、持ち前のガッツで乗り越《こ》えてきた。

そんなモエちゃんは、東関東選《せん》抜《ばつ》吹《すい》奏《そう》楽《がく》大会でも大いに活躍《かつやく》が期待される「曲芸演奏《えんそう》」での大技《おおわざ》、ダブルダッチに参加するメンバーの1人でもあった。

しかし、それこそがモエちゃんの不安の種だったのだ。

大西学園のダブルダッチとは、2人の部員が左右に分かれて長いロープを2本交《こう》互《ご》に回転させ、その中に4人の奏者《そうしゃ》が入ってロープを跳《と》び越《こ》えながら演奏《えんそう》する、というものだ。

実は、先輩《せんぱい》の引退《いんたい》により、ロープを跳《と》ぶ4人のうち1人が欠けてしまった。そこで、吉川《よしかわ》先生は残る部員全員に楽器なしでダブルダッチに挑戦《ちょうせん》させるというテストをした。

その結果――。

「じゃあ、ダブルダッチは吉田《よしだ》がやって」

先生にそう言われ、モエちゃんは「え……」と固まった。確《たし》かに、どちらかというとまともに跳《と》べたほうではあったが、選出の理由がわからずに「なんで私《わたし》が?」と思った。

しかし、決まったからにはやるしかない。

ダブルダッチで跳《と》ぶのは、順にアルトサックス・クラリネット・クラリネット・タンバリンの4人。モエちゃんは3番目だ。そして、2本のロープに引っかからないように巧《たく》みにジャンプしながら、《崖《がけ》の上のポニョ》を演奏《えんそう》するのだ。

当然ながら他の3人は経験《けいけん》が長いために上手《じょうず》に跳《と》べるが、モエちゃんだけはまずしっかり跳《と》ぶことも、さらに跳《と》びながら演奏《えんそう》することもできなかった。

「じゃあ、モエちゃん、特訓しよう!」

そう言われ、昼休みにロープを回す部員に手伝ってもらい、練習をした。しかし、何度やってもなかなかうまくならない。足がロープに引っかかってしまうか、うまく跳《と》べても演奏《えんそう》がうまくできないかのどちらかだった。

「大丈夫《だいじょうぶ》、きっとできるようになるよ!」

そんなふうに励《はげ》まされたが、無力な自分に涙《なみだ》が出そうになった。

少し慣《な》れてきて、4人の中に入ってダブルダッチに挑戦《ちょうせん》するようになったが、やはりモエちゃんのところで引っかかることが多かった。そうすると、また1人目からやり直しになる。もともと1人目と2人目は跳《と》びながら演奏《えんそう》する時間が後ろの2

《崖《がけ》の上のポニョ》
作詞《さくし》/近藤勝也《こんどうかつや》、補作《ほさく》詞《し》/宮崎駿《みやざきはやお》。作曲/久石譲《ひさいしじょう》。原曲は映画《えいが》『崖《がけ》の上のポニョ』の主題歌。

人よりも長い。それが繰《く》り返しになると、明らかに疲《つか》れている様子が見えてくる。

「ごめんなさい……」とモエちゃんはあやまった。

「平気、平気」と2人は言ってくれたが、モエちゃんの罪悪《ざいあく》感は募《つの》った。そんなモエちゃんの様子を、サカモやツミツミは心配しながらも温かく見守り続けた。

人前での本番に挑《いど》むようになると、毎回緊張《きんちょう》でいっぱいいっぱいになった。

ダブルダッチで引っかかると、MCのツミツミが「惜《お》しくも失敗してしまいました。もう一度挑戦《ちょうせん》してみましょう!」と言い、再挑戦《さいちょうせん》となる。しかし、再挑戦《さいちょうせん》は5回までと決まっていた。もし5回失敗したら、そこでダブルダッチは終わりだ。

しかも、3回目くらいになると、明らかに前の2人は息が荒《あら》くなっている。

モエちゃんは失敗する恐怖《きょうふ》と戦いながら、ダブルダッチに挑《いど》み続けた。それでも、成功した時の達成感、観客の笑顔や拍手《はくしゅ》は何にも代えがたい喜《よろこ》びだった。

いざ、選《せん》抜《ばつ》大会へ！

2019年6月——栃《とち》木《ぎ》県足《あし》利《かが》市で第20回東関東選《せん》抜《ばつ》吹《すい》奏《そう》楽《がく》大会当日。大西学園中学校・高校吹《すい》奏《そう》楽《がく》部《ぶ》は神奈川県代表として会場の足《あし》利《かが》市民会館にやってきた。

やはり大会に出場するという緊《きん》張《ちょう》感は部員たちの結束力を高めてくれて、サカモやツミツミが期待していたような部のまとまりや一体感が高まっていた。

（目的の1つは達成できたから、あとは、この大会で大西学園をたくさんの人に知ってもらうことができたら大成功だ！）

サカモは気合が入った。いつもは2つ結びにしている髪《かみ》を、この日はポニーテールにしていた。衣《い》装《しょう》は白いブラウスにサスペンダー付きの黒いパンツ、そして、蝶《ちょう》ネクタイだ。

だが、モエちゃんは表情《ひょうじょう》が冴《さ》えなかった。実は、ダブルダッチにはだいぶ慣《な》れていたのだが、プレッシャーからか、大会の1週間前になって急にロープに引っかかるようになってしまったのだ。

吉川《よしかわ》先生のポリシーには「観客ファースト＝観客を楽しませることが第一」というものもある。いくら必死に練習していたとしても、ミスして観客を楽しませられないようであれば、その部員は「曲芸演奏《えんそう》」から外される。あるいは、ダブルダッチそのものが取りやめになるかもしれない。

（そんなのやだ！）

モエちゃんはロープを回す部員に協力してもらい、以前のように１人で必死に練習をした。けれど、どうしても頻繁《ひんぱん》に引っかかってしまう。

心が折れそうになった時、ふとロープを回してくれる部員の手首が目に入った。回す時にロープが外れないように手首に巻《ま》きつけるのだが、そこに赤い痕《あと》がくっきり浮《う》かんでいた。モエちゃんの足が引っかかるたびにロープがギュッと締《し》まるため、腫《は》れてしまっていたのだ。

「ねえ、赤くなってるよ!?　痛《いた》いんじゃない!?」

「大丈夫《だいじょうぶ》だよ」とその部員は言ったが、きっと我慢《がまん》しているのだとモエちゃんは思った。

(ここまでして協力してくれる仲間のためにも跳《と》ぼう！　絶対《ぜったい》に本番では成功させよう！)

モエちゃんは心に誓《ちか》った。


全15団体《だんたい》のうち、12番目が大西学園の出番だった。

吉川《よしかわ》先生は「部員だけで本番を作り上げる爽《さわ》やかさを観客に見せたいから」という理由でステージには同行せず、客席で見守っていた。

残された部員たちは、大ホールの舞台袖《ぶたいそで》で待機している時に緊張《きんちょう》で硬《かた》くなっていた。中には今にも泣き出しそうな部員もいた。

そんな時、みんなに明るく声をかけて回ったのがサカモだった。

「がんばろうね！　絶対《ぜったい》成功するから、大丈夫《だいじょうぶ》だよ！」

サカモはすっかり部長らしく成長していた。そんなリーダーの頼《たの》もしい姿《すがた》に、部員たちも落ち着きを取り戻《もど》した。

前の学校の演奏《えんそう》が終わり、大西学園が大ホールのステージに出た。

そこには譜面台《ふめんだい》も椅子《いす》もない。全員が楽器を持って自分の位置に立つ。

指揮者《しきしゃ》のいるべきステージ最前列の中央にはMC担当《たんとう》のツミツミがいた。客席に背《せ》を向け、部員たちのほうを向いていた。

「神奈川県代表、大西学園中学校・高等学校の皆《みな》さんです。どうぞよろしくお願いいたします」

司会の女性《じょせい》がそうアナウンスした。

すると、部員たちはみんなニッコリと笑《え》みを浮《う》かべた。実は、それは吉川《よしかわ》先生による秘策《ひさく》だった。楽しいステージをする時、演奏者《えんそうしゃ》が真顔では観客は楽しめない。かといって、作り笑いは不自然なだけだ。そこで、自然な笑みを浮《う》かべるために、ツミツミに「変顔」をするように指示《しじ》していたのだ。

白目をむき、口を歪《ゆが》めたツミツミの本気の変顔を見て、部員たちは笑顔になっていたのだ。客席には背《せ》を向けているため、観客は1人としてそれに気づくことはなかった。

変顔でリラックスした雰囲気《ふんいき》にもなり、いざ本番の始まりだ！

「ワン、ツー、ワン・ツー・スリー・フォー！」

ドラムセットのカウントで《パラダイス・ハズ・ノー・ボーダー》の演奏《えんそう》が始まった。大西学園の得意技《わざ》の一つ、「踊《おど》り吹《ぶ》き」だ。東京スカパラダイスオーケストラの曲を元気よく演奏《えんそう》しながら、激《はげ》しいダンスを披露《ひろう》する。それまでの学校は正統《せいとう》派《は》の座奏《ざそう》が中心だったため、観客は唖然《あぜん》としていた。中には、「やばい連中が出てきた……」というような表情《ひょうじょう》をしている人もいた。

（よし、やった！）

自分たちの演奏《えんそう》がインパクトを与《あた》えたことがわかり、サカモはうれしくなった。

一曲目が終わると、ツミツミがマイクを握《にぎ》った。

「皆《みな》さま、こんにちは。大西《おおにし》学園《がくえん》中・高等学校吹奏楽部《すいそうがくぶ》です！」

落ち着いた明るい声がホールに響《ひび》く。「本日は愛いっぱい、夢《ゆめ》いっぱいに演奏《えんそう》いたします」といういつものセリフもよどみなく言うことができた。ツミツミのこなれたMCは、部員たちにさらなる落ち着きを与《あた》えた。

《パラダイス・ハズ・ノー・ボーダー》
作曲／NARGO（ナーゴ）。オリジナルのアルバムでは東京スカパラダイスオーケストラと東京海洋大学名誉《めいよ》博士《はくし》のさかなクンがコラボレーションしている。

続いても「踊《おど》り吹《ぶ》き」だ。演奏《えんそう》するのは《メイク・ハー・マイン》と《サンバ・デ・ジャネイロ》のメドレー。高く足を上げ、ステップを踏《ふ》み、楽器を振《ふ》り回す。《メイク・ハー・マイン》ではツミツミが堂々《どうどう》たるアルトサックスのソロを披露《ひろう》した。1年生の時はうまく演奏《えんそう》できずに退部《たいぶ》を考えていたとはとても思えなかった。

観客も大西学園のパフォーマンスを楽しみ始め、演奏《えんそう》が終わると大きな拍手《はくしゅ》が送られた。

再《ふたた》びツミツミがマイクを握《にぎ》った。

「今日は、この栃木県足利《あしかが》市で演奏《えんそう》させていただく記念に、『曲芸演奏《えんそう》』にチャレンジしたいと思います！」

聞き慣《な》れない「曲芸演奏《えんそう》」という言葉に会場がざわついた。

「まずは、フラフープを回しながらの演奏《えんそう》です！」

部員たちは左右の端《はし》によけ、ガランと空いたステージ中央にサカモが立った。そして、サカモを頂点《ちょうてん》とし、三角形を描《えが》いて6人の部員が並《なら》ぶ。トランペットのサカモ、その後ろにタンバリンとチューバ、最後列が3人のトロンボーン。それぞれがフラフープに体を通し、腰《こし》を振《ふ》って回し始めた。

サカモだけはフラフープが2本だ。「少しでも難《むずか》しいことをやって、お客さんを驚《おどろ》かせたい」という気持ちから始めたことだった。

「それでは、ご覧《らん》ください！　イチ、ニ、サン！」

ツミツミの声を合図に、演奏《えんそう》が始まる。《学園天国》だ。後ろの5人が刻《きざ》む小気味いいリズムに乗り、サカモのトランペットが明るいメロディを奏《かな》でる。

（会場中が注目してる！）

サカモのテンションが高くなった。観客から注がれる視線《しせん》が快感《かいかん》だった。

終盤《しゅうばん》になり、サカモたちはフラフープを回したまま、自分たちの体もその場でくるりと回転させた。曲が終わり、6人が笑顔で両手を掲《かか》げると、客席は大いに沸《わ》いた。大成功だった。

「次は、一輪車に乗りながらの演奏《えんそう》です！　この曲芸は危険《きけん》ですので、よい子の皆《みな》さまは絶対《ぜったい》に真似《まね》しないでください」

ツミツミのＭＣに再《ふたた》び客席がざわつく。

《学園天国》
作詞《さくし》／阿久悠《あくゆう》。作曲／井上忠夫《いのうえただお》。原曲はフィンガー5が歌ったヒット曲。多くの日本人アーティストがカバーしている。

実は、サカモはこの大会の「曲芸演奏《えんそう》」でもっとも心配なのが一輪車だった。「曲芸演奏《えんそう》」はステージの広さや材質《ざいしつ》（木、コンクリート、土など）に左右される。中でも一輪車はもっとも影響《えいきょう》を受けやすい。コンサートやイベントで披露《ひろう》する時には事前にステージをチェックしたり、リハーサルをしたりするが、東関東選抜吹奏《せんばつすいそう》楽《がく》大会はそれもできない。いわば、一発勝負だ。

（一輪車の子たち、ぶつかったりステージから落ちたりしないかな……）

ステージの端《はし》に下がったサカモは心配しながら見守った。

広く空いたステージの片側《かたがわ》にアルトサックスとバスクラリネット、反対側にホルンとトランペットと打楽器の部員が一輪車を準備《じゅんび》して並《なら》ぶ。打楽器の部員が手にしているのはフライパン。バチでたたいて音を鳴らすのだ。

「イチ・ニ・サン・シ！」というツミツミの声に合わせ、5人が一輪車に乗った。

テレビ番組『キユーピー3分クッキング』のテーマとしても知られる《おもちゃの兵隊の観兵式》を演奏《えんそう》しながら、一輪車で左右から中央に向けて走り、すれ違《ちが》う。ステージの幅《はば》がさほど広くなく、すれ違《ちが》う際《さい》の奏者《そうしゃ》同士の距離《きょり》が近い。サカモはヒ

《おもちゃの兵隊の観兵式》
作曲／レオン・イェッセル。

ヤリとしたが、無事に5人はすれ違《ちが》うことができた。

難《むずか》しいのはここからだ。すれ違《ちが》った奏者《そうしゃ》たちはステージの端《はし》まで行くと、そこでクルリと方向を変え、再《ふたた》び中央に集まる。そして、横一列になって客席のほうを向き、前進するのだ。方向転換《てんかん》の途中《とちゅう》に一輪車から落ちたり、接触《せっしょく》したりする可能性《かのうせい》が高まる。

ユーモラスな音楽とは対照的な緊迫《きんぱく》のシーン。しかし、5人は上手《じょうず》に一輪車を操《あやつ》りながら、演奏《えんそう》を乱《みだ》れさせることなく、難所《なんしょ》を乗りきった。そして、ステージ最前まで進み、演奏《えんそう》が終わるのと同時に一輪車から降《お》りて、笑顔でお辞儀《じぎ》をした。

またしても、大きな拍手《はくしゅ》が送られた。

一輪車チームの成功でツミツミは笑顔になり、マイクを握《にぎ》った。

「次は、ダブルダッチをしながらの演奏《えんそう》です。交差する2本のロープを回し、その中に入り、跳《と》びながら演奏《えんそう》します！　それでは、ご覧《らん》ください！」

いよいよモエちゃんの出番だ。

2人の部員が左右に分かれ、ロープを回転させ始める。

タンッ、タンッ、タンッ、タンッ……。

ロープがステージをたたく音がリズミカルに響《ひび》いた。そこへ、タイミングを見計らってまずはアルトサックスが飛び込《こ》んでいく。演奏《えんそう》するのは《崖《がけ》の上のポニョ》のメロディだ。続いて、クラリネットが入り、ハーモニーをつける。ここまではうまくいった。

モエちゃんは緊張《きんちょう》しながら、目の前で回転する2本のロープを見つめた。タンッ、タンッというロープの音に、2人の奏者《そうしゃ》がジャンプするダンッ、ダンッという低い音が加わっている。

（よし、行くぞ！）

モエちゃんは意を決してロープの中に飛び込《こ》んだ。ジャンプした足の下をロープが高速で通過《つうか》していく。モエちゃんはクラリネットに息を吹《ふ》き込《こ》み、一番低いパートを奏《かな》でた。緊張《きんちょう》で頭がクラクラした。少しでも気を抜《ぬ》くと、足がロープに捕《つか》まってしまいそうだった。

（もうちょっとだ……絶対《ぜったい》最後までやりきる！）

モエちゃんは集中した。

背後《はいご》に4人目のパーカッションが飛び込《こ》み、タンバリンでリズムを奏《かな》でた。四《よん》重奏《じゅうそう》の完成だ。そして、パーカッションが「ピーッピッ！」とホイッスルを鳴らすのと同時にロープの回転は止まり、4人は最後のポーズを決めた。

ダブルダッチは一発成功だ！

（やったぁ！）

サカモも、ツミツミも、モエちゃんも、部員全員が心の中でそう叫《さけ》んだ。会場も大いに盛《も》り上がり、誰《だれ》もが大西学園のパフォーマンスを楽しんでいた。

「それでは、あと2曲演奏《えんそう》いたします。スウィング・ジャズの名曲《シング・シング・シング》と皆《みな》さまご存知《ぞんじ》の《おどるポンポコリン》です。それでは、どうぞお聴《き》きください！」

ツミツミの明るい声が響《ひび》き渡《わた》った。最大の難関《なんかん》をノーミスでクリアした大西学園は、解放感いっぱいに「踊《おど》り吹《ぶ》き」で2曲を演奏《えんそう》した。すると、客席から手拍子《てびょうし》が聴《き》こえてきた。こうなったらもう、後は楽しむだけだ！

《おどるポンポコリン》
作詞《さくし》／さくらももこ。作曲／織田哲郎《おだてつろう》。B.B.クィーンズが歌うテレビアニメ『ちびまる子ちゃん』のエンディングテーマ。

苦しかったこと、つらかったこと、重ねた努力……青春のすべてを込《こ》めて部員たちは楽器を奏《かな》で、踊《おど》った。

そして、最後はステージの中央に集まり、両手を広げて元気よく「ヘイ!」と声をあげた。

それと同時に拍手喝采《はくしゅかっさい》が沸《わ》き起こった。観客は大西学園のパフォーマンスに感動し、興奮《こうふん》していた。

(これだ、この景色が見たかった!)

サカモは感動した。そして、部長として最後に「ありがとうございました!」と大きな声で挨拶《あいさつ》した。部員たちもそれに続き、「ありがとうございました!」と叫《さけ》んだ。

ホールの照明を浴びた大西学園の部員たちの顔は、1つひとつが太陽のように輝《かがや》いていた。神奈川県・千葉県・栃木県・茨城県の4県から集まった吹奏《すいそう》楽《がく》関係者や観客の心に大西学園は強烈《きょうれつ》な印象を残したのだった。

東関東選抜吹奏楽《せんばつすいそうがく》大会の表彰式《ひょうしょうしき》では、各校の代表2人がステージ上に出た。大西学園の代表はサカモとツミツミだ。

やりきった満足感でいっぱいの2人だったが、まずは金賞《きんしょう》を受賞《じゅしょう》。ステージ中央で賞状《しょうじょう》を受け取って壇上《だんじょう》に戻《もど》ると、今度は足利《あしかが》市長賞《しちょうしょう》に選ばれ、再《ふたた》びステージ中央へ。壇上《だんじょう》に戻《もど》ると、さらにヤマハミュージックジャパン賞《しょう》にも選出され、3回も前に出ることになった。表彰式《ひょうしょうしき》が終わると、2人は抱《かか》えきれないほどの賞状《しょうじょう》や賞《しょう》品《ひん》を手にしていた。しかし、どんな賞《しょう》よりも大切なものを自分たちは手にしたのだということをサカモとツミツミはわかっていた。

観客を心から楽しませ、自分たちも本気で楽しんだ時間。感動を分かち合った記《き》憶《おく》。努力と苦労が花開いた完璧《かんぺき》なパフォーマンス——それらはかけがえのないものだった。ステージにいる2人からは客席で輝《かがや》くたくさんの笑顔が見えた。苦楽をともにした仲間たち。そして、先生——。

「いっぱいだね!」

サカモはツミツミと顔を見合わせ、微笑《ほほえ》んだ。


（文／オザワ部長）

STORY. 3

それは憧《あこが》れていたもの

日《に》本《ほん》大《だい》学《がく》第《だい》二《に》中学校・高等学校 演《えん》劇《げき》部

東京都杉《すぎ》並《なみ》区

伊藤瑠唯 — Ito Rui

日大二中・高の6年間、演劇《えんげき》部に所属《しょぞく》する。

宇田川豪大 — Udagawa Takehiro

日大二中・高の教師《きょうし》で演劇《えんげき》部の顧問《こもん》。

怒《おこ》られてばっかり

校門から入ってすぐに、図書館棟《とう》と呼《よ》ばれる地下1階地上3階の古い建物がある。地下にはかつて床屋《とこや》さんや売店があったが、今はたくさんの椅子《いす》とテーブルが置かれていて生徒の憩《いこ》いの場となっている。地上1階は食堂《しょくどう》、2階は図書室。そして、3階は視聴覚《しちょうかく》教室。演劇部《えんげきぶ》の活動場所だ。部活の始まる午後4時前になると、部員たちの発声練習の声が聞こえてくる。

ここの演劇部《えんげきぶ》では、一般《いっぱん》的な演劇部《えんげきぶ》のイメージにあるような「あえいうえおあお」やらランニングや腹筋《ふっきん》などの基礎《きそ》トレーニングやらはほとんど行われない。与《あた》えられた役のセリフを、ただひたすら普通《ふつう》の声の大きさで発するのだ。この「セリフで発声」を部活のウォーミングアップとして積み重ねていくうちに、いつのまにか舞台《ぶたい》の大きさに足りるだけの声量が手に入る。例年、部には中高合わせて30人前後の部員がいる。30人がてんでばらばらに自分のセリフをしゃべる中にいると、言葉が渦《うず》を巻《ま》いて飛び交っているのがわかるだろう。
東京都杉並《すぎなみ》区にある日本大学第二《にほんだいがくだいに》中学校・高等学校は都内でも有数の演劇部《えんげきぶ》を持つ学校として知られている。全国大会にこそ進出していないけれど、2019年4月には俳優座劇場《はいゆうざげきじょう》のプロデュース公演《こうえん》に、8月には韓国《かんこく》で行われる韓日《かんにち》青少年文化交流会に招待《しょうたい》されるなど、さまざまな場所でたくさんの観客を楽しませてきた。このお話の主人公である伊藤瑠唯《いとうるい》は、中学1年生から高校3年生の6月までのほぼ5年間ずっと演劇部《えんげきぶ》部員として活動し、部を引退《いんたい》したばかりのメンバーだ。

瑠唯《るい》の演劇《えんげき》人生は、小学校の学芸会で主役に立候補《りっこうほ》したところから始まっている。正義《せいぎ》感と負けん気は人一倍強かったものの、勉強はさほど得意《とくい》ではなかった。そんなわけで「内部進学ができる」日大二中に入学する。もともとアイドルなど、人前でパフォーマンスをすることに強い興味《きょうみ》があったので、演劇部《えんげきぶ》に入ろうと決めていた。演劇部《えんげきぶ》では中学生と高校生合同で新入生歓迎公演《かんげいこうえん》を行うというので、ためしに観《み》に行った。

衝撃《しょうげき》だった。小学生のころから持っていた「学芸会」のイメージとは違《ちが》う「舞《ぶ》台《たい》」の世界。舞《ぶ》台《たい》上では熟練《じゅくれん》教師《きょうし》だという主人公役の高校生が、ナイフを振《ふ》り回す生徒を体を張《は》って止めようとしている。その一方で、大人であるはずの先生が、立派《りっぱ》であるはずの先生が１人の人間として大いに愚痴《ぐち》る。大人しか入らなそうな「ライオンばっかりパーク」でライオンを相手に仕事の愚痴《ぐち》をぼやき続ける。高校の視聴覚《しちょうかく》教室で、きれい事ばかりではない「大人の事情《じじょう》」も洗《あら》いざらいぶちまけて部員に演《えん》じさせている。

これが日大二中・二高の演劇《えんげき》だ。入部した生徒は丸１年間は照明や音響《おんきょう》として裏《うら》方《かた》をこなし、ようやく翌年《よくねん》の新入生歓迎公演《かんげいこうえん》で役を与《あた》えられる。役はすべて、脚本《きゃくほん》家《か》であり演劇部顧問《えんげきぶこもん》の宇田川豪大《うだがわたけひろ》先生が１年間部員を観察して人となりをわかった上での「当て書き」だ。それぞれの人に合った役柄《やくがら》が用意されているのだ。

晴れて日大二中の演劇部《えんげきぶ》に入部したばかりの瑠唯《るい》たち新入生も、上級生が演《えん》じる舞《ぶ》台《たい》の裏《うら》方《かた》を務《つと》めることになった。タイトルは『ジャイアンとパンダ』。藤《ふじ》子《こ》・

Ｆ《エフ》・不二雄《ふじお》の『ドラえもん』のキャラクターを下敷《したじ》きに、震災《しんさい》と津波《つなみ》で何もかも失った街で、四次元ポケットを失ったドラえもんと仲間たちが行方不明《ゆくえふめい》ののび太くんを探《さが》す、静かで、重い舞台《ぶたい》。この時の新入部員が６人。音響《おんきょう》と照明の二手に分けても、３人ずつ。瑠唯《るい》は照明係だ。

上映《じょうえい》時間は45分ほどの、静かな舞台《ぶたい》。

音響《おんきょう》も照明も、ほとんど出番がない。

正直、数か月前まで小学生だった彼女《かのじょ》たちの集中力はもたない。

照明のスイッチを入れ忘《わす》れることも、たまにあった。

うっかりしゃべってしまうことも、ちょくちょくあった。

ずいぶん先生にも怒《おこ》られた。

スイッチのタイミング、忘《わす》れてないけど、失敗しました。

お母さんには「勉強はできなくていいから、愛嬌《あいきょう》を持て」と言われて育ってきた。裏方《うらかた》を代表してあっけらかんとあやまるのは、主に瑠唯《るい》の役目だった。けれども、瑠唯《るい》もそこまで自分のことを悪いとは思っていなかった。今から考えれば本当に非《ひ》常識《じょうしき》だと思うけれど、ただダラダラしたかっただけ。先生が来てもケータイをいじってしまう。そういう、中学1年生だった。

『ジャイアンとパンダ』はその年の7月、東京私立《しりつ》中学校演劇《えんげき》発表会で上演《じょうえん》された。練習ではずっと顧問《こもん》で演出《えんしゅつ》の宇田川《うだがわ》先生に「東京に住んでいる我々《われわれ》が震災《しんさい》で失われた街のことを演《えん》じるのは本当はおこがましいのかもしれない。でも、できるだけ想像《そうぞう》して、できるだけ気持ちを寄《よ》り添《そ》わせてほしい」と言われてきた。だから部員はみんな、ずっと神妙《しんみょう》な気持ちで作品を取り扱《あつか》ってきたと思う。

ところがどうだろう。「ジャイアンが出てきた」というわけで会場から笑いが起きる。「スネ夫《お》が出てきた」というだけで笑いが起きる。

中学校の大会だからだ。会場のお客さんも、出場校の中学生がほとんどだ。話の内容《ないよう》と関係なく『ドラえもん』を演《えん》じるということだけで、オリジナルと目の前に出てくる役者のギャップに笑いが起こる。観客からの予想もしなかった反応《はんのう》に、舞《ぶ》台《たい》上の先輩《せんぱい》たちはパニックを起こしているようだったが、なんとか持ち直して最後まで演《えん》じきった。

部活として学校のホールで稽古《けいこ》をしている時と、本番の会場で待ち受けている不特定多数のお客さんとの感覚の違《ちが》いが、こんなにある。

これが瑠唯《るい》にとってはじめての、公式大会だった。

はじめての舞台《ぶたい》

瑠唯《るい》にちゃんとした役が与《あた》えられたのは中学1年生の終わり、次の年度の新入生歓迎公演《かんげいこうえん》『悪魔《あくま》の水を飲む』の時だ。役名はL。アルファベットの12番目の「L」のことだ。

この年の部員は中高合わせて29人。ちょっと脚本《きゃくほん》を書く側の事情《じじょう》に脱線《だっせん》すると、29人の内、年度の途中《とちゅう》に入部してきた2人は音響《おんきょう》と照明に回ってもらうとして、残り27人を舞台《ぶたい》に登場させて、それぞれに活躍《かつやく》の場を作らなくてはならない。しかも、観客のことを考えれば、上演《じょうえん》時間は長くて1時間。

こうした条件《じょうけん》の中考えられたのは、主人公1人を除《のぞ》いて、ダブルキャストで30分ずつ出演《しゅつえん》させるという作戦だった。

ダブルキャスト
役において2人の人間が1つの役を演《えん》じること。2人1役。

◆
◆
◆

『悪魔《あくま》の水を飲む』

舞台《ぶたい》は安全第二高校という架空《かくう》の学校。演劇部顧問《えんげきぶこもん》で美貌《びぼう》の体育教師《きょうし》・美沢美和《みさわみわ》先生のもとに「部員が集まった」と演劇部《えんげきぶ》部員が駆《か》け込《こ》んでくる。美和先生は部員と「演劇部《えんげきぶ》部員が13人になったら新作台本を書き下ろす」という約束をしていたのだ。以降《いこう》舞台《ぶたい》は美和先生が書いた台本、つまり「舞台《ぶたい》の中での舞台《ぶたい》」が繰《く》り広げられていく。

そんな「舞台《ぶたい》の中での舞台《ぶたい》」から10年後、まだ演劇部顧問《えんげきぶこもん》をしている美和先生のところに部員が駆《か》け込《こ》んでくる。美和先生は部員と「部員が13人になったら新作台本を書き下ろす」という約束をしている。そういえば、10年前にも同じようなことが……と、美和先生は十年前の台本を引っ張《ぱ》り出し……また10年後、美和先生はまだ結婚《けっこん》できていない。

つまり、安全第二高校の現在《げんざい》の部員と、10年後の部員がダブルキャストで、ほとんど同じセリフをしゃべることになる。瑠《る》唯《い》のはじめての役は、そんなかき集められた演劇部《えんげきぶ》部員のうちの1人の「L」だ。暇《ひま》つぶしに机《つくえ》に穴《あな》をあける役。

衝撃《しょうげき》だった。

二中・二高演劇部《えんげきぶ》では台本を配ってすぐに全員での読み合わせがあるのだが、瑠《る》唯《い》の最初のセリフが「ステキー。」だ。

なんだこりゃ、と思って読み進めていくと、

「ステキー。」「ステキー。」「ハハハー。」「仕事かよ!」「ウキウキー。」「オゲレツー。」「どれか一つ、お取りください。」「あんたも?」「モリモリー。」「デジャ。」

おしまい。演劇部《えんげきぶ》部員としての初の出番は10回。これだけのセリフだ。

なんだ、これなら簡単《かんたん》。そう思っていたこともあったかもしれない。

——とんでもない思い違《ちが》いだった。

「その『ステキー。』は違《ちが》う」と何度もやり直させられる。

「暇《ひま》に任《まか》せて机《つくえ》に穴《あな》をあける動きも、ワンパターンではつまらない」と怒《おこ》られる。

困惑《こんわく》した瑠唯《るい》が当時つけていた演技《えんぎ》ノートには、こんなふうにつづられている。

「最初の『ステキー。』は発言を流す感じで、2番目の『ステキー。』はイラついてる、ムカついてる感じで。3つ目の『ステキー。』はさっきより大きく」

「『ハハハー。』は嫌《きら》いな人が転ぶのを見て笑うみたいに」

「ーパターンではなくたくさんのパターンで机《つくえ》をけずる！」

ーつひとつの細かいメモの上下に大書きで「動きは大きく！」「もっとテンション高く！」。

演劇《えんげき》というのは、台本に書いてあるその場面を正確《せいかく》に再現《さいげん》することで、観客に共感させなきゃ意味がない。だから、日常《にちじょう》でしないような声の出し方とかオーバーリアクションをしてしまうと嘘《うそ》になってしまう。変に演技《えんぎ》をしようとするから、演劇《えんげき》部《ぶ》といえば「おお、ロミオ！」とか言ってる変な人たち、みたいなイメージがついてしまう。日常《にちじょう》であんな動きとか言い回し、しないでしょ？　そうじゃなくて、いかにそのシーンの「当事者意識《いしき》」を持てるか、つまりは「住人」になるかなんだ。「当事者意識《いしき》」は、部員が宇田川《うだがわ》先生からいやというほど聞かされることになる言葉だ。

でも、瑠唯《るい》にとっては正直よくわからなかった。

単に「いつもの説教が今日も聞こえてくるなあ」くらいの感想しか持てなかった。昔から、一瞬《いっしゅん》でも違《ちが》うことを考えてしまうと、そこから人の話が一切頭に入らなくなってしまうのだ。

舞台《ぶたい》の外でも相変わらず怒《おこ》られ通しだった。舞台衣装《ぶたいいしょう》の着替《きが》えが遅《おそ》いのを怒《おこ》られ、髪《かみ》のセットが遅《おそ》いのを怒《おこ》られ、暇《ひま》に飽《あ》きてしゃべってしまって怒《おこ》られた。

なんでここまで怒《おこ》られるのか。これも「当事者意識《いしき》」の問題だ。1日の部活の時間は基本《きほん》的に夕方4時から6時まで。ごく単純《たんじゅん》に、本番までにやらなければならないことが多すぎて、無駄《むだ》なことをしている余裕《よゆう》はないのだ。そんな中、無意味に騒《さわ》がしいと、人の気持ちはいらついていき、指示《しじ》もちゃんと通らなかったりする。準《じゅん》備《び》が遅《おそ》いことが、タイムロスにつながったりする。

とにかく時間の足りない演劇部《えんげきぶ》の、当事者の1人。無駄《むだ》な時間をどれだけ減《へ》らすか。短い時間で充実《じゅうじつ》した稽古《けいこ》を行うには、その場にいる人たち全員が「たかが部活、遊びの延長線上《えんちょうせんじょう》」ではなく、1人の表現者《ひょうげんしゃ》としての自覚が必要だ。では、そうなるためには、1人の「表現者《ひょうげんしゃ》」になるためには、何が必要なのだろう?

翌年《よくねん》、中学2年生の時の文化祭で、瑠唯《るい》たちの代は『あ、烟《けむり》』という作品を手掛《てが》けることとなる。舞台《ぶたい》は使わず、閉《と》じられた幕《まく》の前で繰《く》り広げられる、20分くらいの小さな会話劇《かいわげき》。派手《はで》なアクションもなく、ひたすらに言葉を紡《つむ》いでは観客に届《とど》ける。

とても静かな時間だったけど、まずは舞台上《ぶたいじょう》でやっていることを、確実《かくじつ》に見ているお客さんに届《とど》ける。そして?

演劇部《えんげきぶ》の住人になるには

そんな瑠唯《るい》の転機になったのは中学3年生の時の舞台《ぶたい》『40度　ミュンヒハウゼンのつどい』だ。

二中の場合、たいていは5月末、中間テストが終わったころに夏の大会向けの台本が渡《わた》されて、6月の上旬《じょうじゅん》までにセリフを頭にたたき込《こ》まなくてはならない。必死にセリフを覚えて一通りの動きをつけたころには6月下旬《げじゅん》。学校のルール上、期末テストの1週間前は部活動ができなくなってしまう。

ただし、日大二中・二高は土曜日も授業《じゅぎょう》があるので、その分7月上旬《じょうじゅん》の学期末テストの後が採点《さいてん》休みになっている。3日ほどの採点《さいてん》休みを経《へ》て、答案返却《へんきゃく》日《び》に登校する。答案返却《へんきゃく》日は文字通り答案が返却《へんきゃく》されるだけで解散《かいさん》となる日で、また終業式まで、成績処理《せいせきしょり》のために生徒の休日が続く。

この年の発表会の本番は7月17日、成績処理《せいせきしょり》の休みの間だ。演劇部《えんげきぶ》としては期末テスト直後からのほんの数日間に、集中して舞台《ぶたい》の完成度を上げなければならない。

瑠唯《るい》が当てられたのは2人いる看護師《かんごし》のうちの1人で、話を切り回す係として重要な役だ。

◆ ◆ ◆

――舞台《ぶたい》照明が点《つ》くと、12人の役者の前にはさまざまな衣装《いしょう》や大仏《だいぶつ》のかぶりものやランドセルなどが積まれている。突如《とつじょ》始まるじゃんけん。勝った順に、目の前の衣装《いしょう》をとっては身につけていく。

「40度の熱がある」と訴《うった》える主人公の女の子。そんなわけはないと否定《ひてい》してくる友達たち、まともに相手にしてくれないお医者さんと看護師《かんごし》たち、勝手なことを喚《わめ》く患者《かんじゃ》の母子、そして、普段《ふだん》の女の子の様子を証言《しょうげん》してくる（本当は存在《そんざい》しないはずの）姉と妹。さらには「祈《いの》るしかない」と問題を棚上《たなあ》げしてくる大仏《だいぶつ》様。実は登場人物全員が（自覚のあるなしにかかわらず）嘘《うそ》つきなのだ。

すったもんだがあってようやく渡《わた》された体温計は平熱を指し示《しめ》す。人間に対して機械が嘘《うそ》をつかないとすると、自分は熱があると訴《うった》えていた主人公の女の子でさえ「嘘《うそ》つき」だということになる。絶望感《ぜつぼうかん》にへたり込《こ》む主人公だが、実はこの一連の流れはただの「遊び」だったことが最後にわかる。

そう、これは、遊び。最後にはみんなで衣装《いしょう》を脱《ぬ》いで、またじゃんけんによる役決めから繰《く》り返すところで、舞台《ぶたい》そのものは終わりを迎《むか》える。

◆　◆　◆

顧問《こもん》の先生が部員に対して当て書きをする長所がここにあって、役者が2年生と3年生である場合、意図的に3年生全員にメインの役を与《あた》えることができる。また、この舞台《ぶたい》に限《かぎ》った話ではないが、部員それぞれの演劇部外《えんげきぶがい》の習い事や塾《じゅく》の都合に合わせて、セリフの量を調整することもできてしまう。

中学3年生に重要な役が回ってくるのはある意味当然の話ではあるけれど、それにしても、瑠唯《るい》にとって看護師《かんごし》はぴったりの役だった。普段《ふだん》どんなに部員のことを怒《おこ》っていても、多少理不尽《りふじん》に怒鳴《どな》られても、先生はちゃんと1人ひとりの様子や発言を観察して台本を書いてくれる。

むしろ演技《えんぎ》なんかしなくてもいいくらい、自然体で舞台《ぶたい》に立つことができる。そして、自分のセリフに物語の展開《てんかい》がかかってくる。

この頃《ころ》から、瑠唯《るい》は「ちゃんとしなきゃ」と思うようになった。

部活動に真剣《しんけん》に取り組もうと思えば思うほど、中学1年生や2年生の時にはずっと補習《ほしゅう》で残されていた勉強を、せめて補習《ほしゅう》で残されないようにとがんばる気持ちがわいてくる。本番までに圧倒《あっとう》的に時間が足りない中、役者が1人欠けただけでまともな稽古《けいこ》にならないのが身にしみてわかるようになってきたからだ。おかげで、中学3年生の夏は他の部員がちょこちょこ補習《ほしゅう》で残される中、瑠唯《るい》は補習《ほしゅう》に残されずに稽古《けいこ》に出続けられた。当然のように、学校の成績《せいせき》もぐんぐんと上がっていく。

するとどうしたことか、苦手だった滑舌《かつぜつ》もそんなに注意されなくなってくる。

練習を続けたとしても、そんなに急に滑舌《かつぜつ》はよくはならないだろう。

ただ、滑舌《かつぜつ》も含《ふく》めて、二中の演劇《えんげき》の「住人」になりつつあったのだ。この劇《げき》は中学生の手《て》掛《が》ける劇《げき》としてはシュールすぎるかもしれない。もしかすると、あまり道《どう》徳《とく》的ではないかもしれない。でも、顧問《こもん》は自分にとっての居場所《いばしょ》を用意してくれる。一番輝《かがや》く舞台《ぶたい》を用意してくれる。だから、どんな役や内容《ないよう》であっても、考える前に役に飛び込《こ》んで、世界観に溶《と》け込《こ》んでしまうしかない。これが二中・二高演劇部《えんげきぶ》が代々《だいだい》培《つちか》ってきた信頼《しんらい》関係の正体だ。

結局『40度　ミュンヒハウゼンのつどい』は大会で、東京私立《しりつ》中学高校協会賞《きょうかいしょう》（第2位）の好成績《こうせいせき》を収《おさ》められた。12月に開催《かいさい》される私立《しりつ》高校の演劇《えんげき》大会にも特別《とくべつ》枠《わく》として、中学生ながら招待《しょうたい》されることになる。

「これ、中学生なの？」と終演《しゅうえん》直後の会場がざわついたとか。

シュール
無意味や不条理《ふじょうり》であること。

「成長」ってなんだろう

翌年《よくねん》、瑠唯《るい》は日大二高に内部進学した。今度は、一つ上の高校2年生との共同作業だ。

この年の大会向け作品タイトルは『風船少女うららの大冒険《だいぼうけん》〜ブラックストーン大王から胡桃姫《くるみひめ》を救《すく》え!!〜―おいカネコ、本当の悪はお前だってわかってんだぞ―』。ある日正義《せいぎ》に目覚めた主人公のうららちゃんが、大王にさらわれたお姫様《ひめさま》を救《すく》いに行く、という概要《がいよう》よりもタイトルのほうが長い話だ。

今度舞台《ぶたい》のメインを張《は》るのは、当然高校2年生の先輩《せんぱい》たち。瑠唯《るい》は韓国《かんこく》好きなので「マッコリ」と名付けられて、緑色のジャージに韓流《かんりゅう》スターの缶《かん》バッジをいっぱいつけて悪の大王の手先を務《つと》めた。

『うららの大冒険《だいぼうけん》』はとてつもなく破天荒《はてんこう》な劇《げき》だ。悪の大王にさらわれたお姫様《ひめさま》を助ける間にいくつも敵《てき》が出てくるのだけれども、敵《てき》を倒《たお》す方法が魔法《まほう》の力で強められたひどい口臭《こうしゅう》だったり握《にぎ》りっ屁《ぺ》だったりする。マッコリも羽交《はが》い締《じ》めにされて、主人公うららちゃんの握《にぎ》りっ屁《ぺ》で倒《たお》されてしまう。

学校の部活における演劇《えんげき》というと、なにか道徳《どうとく》的だったり、倫理《りんり》的だったりと「テーマ」がなくてはならないのではないかと思われるかもしれない。しかしながら、人間がばかであるところにドラマが生まれるのだ。自分の気持ちだけで姫《ひめ》をさらっていった大王も、急に正義《せいぎ》に目覚めて姫《ひめ》を助けに行ったうららちゃんも、人間のほんの気まぐれで動いているに過《す》ぎないわけだ。

そもそも「人前に立つことがしたい」というのは「人から認《みと》められたい」という欲《よく》そのものだと言って差し支《つか》えないだろう。これを難《むずか》しい言葉で「承認欲求《しょうにんよっきゅう》」というのだが、人間はそういう「自分には能力《のうりょく》があると認《みと》めてもらいたい」という欲《よく》とうまくつきあいながら、ずっと生きていくものではないだろうか。

マッコリもそうした「承認欲求《しょうにんよっきゅう》」の塊《かたまり》として描《えが》かれている。

◆
◆
◆

マッコリ　かかってこい！お前たちを倒《たお》して、私《わたし》は大王に褒《ほ》めてもらうのだ！私《わたし》は褒《ほ》められたい！何が悪い？誰《だれ》だってそうだろう！命があるのと「存在《そんざい》」するのとは違《ちが》う！私《わたし》は存在《そんざい》したいのだ！マッコリここにありと証明《しょうめい》したいのだ！

うらら　それわかる。わかるけど、ごめんね。

マッコリ　何？

うらら、自らの肛門《こうもん》に右の手のひらを押《お》し当てる。

うらら　ばふっ！

マッコリ　知ってる音！

うらら、握《にぎ》りっ屁《べ》をマッコリに食らわす。

マッコリ、物も言わず気絶《きぜつ》する。

◆ ◆ ◆

『風船少女うららの大冒険《だいぼうけん》』はくだらないことを真剣《しんけん》に練習することで、少なくとも会場を訪《おとず》れたお客さんだけでも笑顔にできたらという気持ちで作り込《こ》まれた物語だった。高校生になると夏休みの間に演劇部《えんげきぶ》の合宿がある。ただただ能天気《のうてんき》でこのばかな台本を、よりばかばかしく、隙間《すきま》なく面白くするにはどうしたらいいかを考え続ける4泊《はく》5日だ。

「台本」というのは文字通り演劇《えんげき》の「台」にしかならない。つまり、台本に書いてあることだけやっても、けっして面白くはならないということだ。文字として書かれていない「空白」を想像《そうぞう》して、通し稽古《げいこ》をするたびに、それぞれがいろいろなアドリブを試してみる。試してみてつまらなかったらボツにするし、もし、その場でウケるようであれば正規《せいき》の演技《えんぎ》として固定する。そうやって、どんどんと面白い部分を積み重ねていくうちに、厚《あつ》みのある作品が仕上がってくる。ただでさえ愉快《ゆかい》な劇《げき》なので、ワイワイとやっているうちにあっという間に時間は経《た》ってしまう。

合宿最後の４日目の夜には演劇部《えんげきぶ》の伝統《でんとう》行事がある。メンバー全員が１人ひとり合宿の感想を語っていく。高校２年生はこの夏を越《こ》えると、いよいよ演劇部《えんげきぶ》部員として、１日の相当な部分を、１人のクリエイターとして費《つい》やしてきた生活に一旦《いったん》は終止符《しゅうしふ》を打つ準備《じゅんび》をしなければならなくなる。全員が車座《くるまざ》になって話しているうちに泣けてくる人、もらい泣きする人、人がしゃべり始める前からすでに涙《なみだ》ぐんでいる人。そんな中、１人の先輩《せんぱい》がこう言っていた。

「実は今の高１の代のことを内心バカにしてた。でも、いっしょに合宿でこんなにすごいものができ上がっていくのを見て、実はちゃんと成長してたんだなって、あらためて思った。なんだか、ごめんなさいって」

「成長」ってなんだろう。あらためて考えてみれば「できることが増《ふ》えていく」ことだ。上級生と、裏方《うらかた》のメンバーと、そして顧問《こもん》と。みんなで問題を１つひとつ片《かた》づけていくことで、振《ふ》り返ってみると積み上がっていた「できたこと」に気がつくのかもしれない。

城西《じょうさい》地区大会
正式には「東京都高等学校演劇《えんげき》コンクール城西《じょうさい》地区発表会」。東京都教育委員会・東京都高等学校文化連盟《れんめい》・東京都高等学校演劇《えんげき》研究会が主催《しゅさい》。

東京都大会
地区大会から推薦《すいせん》された合計24作品が上演《じょうえん》され、そのうち２校が翌年《よくねん》に行われる関東大会に推薦《すいせん》される。そして関東大会では全国大会への推薦《すいせん》作品が決定される。

『風船少女うららの大冒険《だいぼうけん》』は8月の城西《じょうさい》地区大会で舞台《ぶたい》にかけられると、圧倒《あっとう》的な勢《いきお》いで最優秀《さいゆうしゅう》作品に選ばれ、東京都大会に推薦《すいせん》された。それもさることながら、その破天荒《はてんこう》な舞台《ぶたい》は主にSNSで話題となり、以降《いこう》、9月の日本大学付属《ふぞく》高校の発表会、文化祭公演《こうえん》、東京都大会と、会場には高校演劇《えんげき》を見たことがないような一般《いっぱん》のお客さんが押《お》し寄《よ》せた。あいにく関東大会への推薦《すいせん》は逃《のが》したものの、二高演劇部《えんげきぶ》の名前が高校演劇《えんげき》関係者やファンの間で知られるようになったきっかけになったと言っていいだろう。それは、9月に開催《かいさい》された日大付属《ふぞく》の発表会（こちらも最優《さいゆう》秀賞《しゅうしょう》だった）の時の審査員《しんさいん》の先生の、「こんな演劇《えんげき》が受け入れられる世の中になってほしい」というコメントが、すべてを物語っている。

みんな演劇《えんげき》を見て、幸せになりたいのだ。

日本大学付属《ふぞく》高校の発表会

正式名称《めいしょう》は「日本大学付属《ふぞく》高校演劇《えんげき》研究発表会」。日本大学藝術《げいじゅつ》学部演劇《えんげき》学科・日本大学付属《ふぞく》高等学校演劇《えんげき》協議会主催《しゅさい》の演劇《えんげき》コンクール。全国の日本大学系列《けいれつ》高校から10校前後の参加がある。（通常《つうじょう》は「附属《ふぞく》」の表記だが日本大学内では「付《ふ》属《ぞく》」と表記している）

最高学年になって

さて、瑠唯《るい》も高校2年生になった。5月で引退《いんたい》する先輩《せんぱい》を見送ると、自分たちが最高学年になる。

そんな彼女《かのじょ》らに書かれた作品は『姉』だ。昨年の舞台《ぶたい》のタイトルが58文字。今年のタイトルは、1文字。昨年とは打って変わって、秘密《ひみつ》を共有していじましく生きる姉弟のホームドラマを演《えん》じることになった。

瑠唯《るい》の役は本名と同じ、はすっぱだけど主人公の正《まさる》のことが大好きな彼女《かのじょ》・るいの役である。

◆ ◆ ◆

るい、ポケットからタバコを取り出す。

正　は？タバコ？

るい　駅ビルの屋上で吸《す》ってるとこ、見つかっちゃった。

正　誰《だれ》に？

るい　ポリスメン。

正　おい、マジかよ…。

るい　ウチってホントにタイミング悪くて！

正　そういう問題じゃねえよ！

るい　悪気はなかったの！

正　そういう問題じゃねえって！どんだけ言い訳《わけ》してもそれ悪気だから！悪気でしかないから！ふざけんなよ！調子こくなよ！煙《けむり》なんか吸《す》いやがって！可愛《かわい》くもカッコ良くもないからな！勘違《かんちが》いすんじゃねえよ！もう、馬鹿《ばか》！タコ！

るい　ポリスメンも学校の先生も、正みたいに叱《しか》ってくれたらいいのにな一。

正　は？

るい　ありがとね、やっぱり好きだよ、正！

正　―何言っちゃってんの？

◆◆◆

この劇《げき》で瑠唯《るい》はなりたい自分になれたと言う。なりたい自分、それは憧《あこが》れていた先輩《せんぱい》、「ちょうどいい」アドリブのできる役者だ。かつて宇田川《うだがわ》先生が「邪魔《じゃま》にもならず、いい感じに入ってくる」アドリブをする先輩《せんぱい》をほめていたのを聞いて、そういうことができるようになりたいと思っていたのだ。

いつの間にか、自分も同じ言葉でほめられるようになっていた。

演劇部《えんげきぶ》での作品の「ベスト」というのは毎回毎回最新作に置きかわるけれど、一番、愛を感じているのはこの『姉』だ。

中学1年生から毎年毎年、部活動をサイクルでとらえていたのが、とうとう来年がない状況《じょうきょう》に追い込《こ》まれたからだ。

中学生のころはずっと怒《おこ》られ続けていたけど、きっと怒《おこ》られていなかったら自分は変わっていない。

一方で大事な役目を与《あた》えられることで、自分がなりたい役者になれる。自分がなりたい役者になることで、演劇部《えんげきぶ》で活動する動機が完成する。

「もう演劇部《えんげきぶ》は、遊びじゃなくて、今現在《げんざい》の、人生だ」

そう思うと、後輩《こうはい》にだって厳《きび》しく指導《しどう》できるようになった。

中学生の時に、なんであんなに怒《おこ》られていたか、今では、わかる。

音響《おんきょう》や照明、裏方《うらかた》という「表現者《ひょうげんしゃ》」の役目の重要性《じゅうようせい》を理解《りかい》していなかったから。

演劇部《えんげきぶ》の「住人」として生きていなかったから。


『姉』は都大会への進出はかなわなかったものの、特に演劇《えんげき》関係者の、大人の評価《ひょうか》が高い作品となった。年末の日韓《にっかん》友好TOKYO《トーキョー》ドラマフェスタ、そして翌年《よくねん》4月の俳優座劇場《はいゆうざげきじょう》はいすくうるドラマすぺしゃるに招待《しょうたい》されたのだ。細かい話をすると難《むずか》しくなるが「学校演劇《えんげき》」に求められるものと「演劇《えんげき》」に求められるものの差がはっきり出たと言ってもいいだろう。つまり、部活の演劇《えんげき》という枠《わく》を超《こ》えて「興行《こうぎょう》として完成された舞台《ぶたい》」という評価《ひょうか》を得《え》られたことになる。

真剣《しんけん》だからこそ面白い

演劇部《えんげきぶ》の住人としての話では二高の「特別公演《こうえん》」についても触《ふ》れておかなければならないだろう。

毎年3月、学年末に開催《かいさい》される「特別公演《こうえん》」は、前年に大会に向けてひと夏かけて作ってきた舞台《ぶたい》の千穐楽《せんしゅうらく》でもある。

特別公演《こうえん》では演劇部《えんげきぶ》の舞台《ぶたい》に、吹奏楽部《すいそうがくぶ》とフォークソング部が劇中《げきちゅう》の音楽を生演《なまえん》奏《そう》してくれる。この3つの部は仲がよくて、学年末の忙《いそが》しい中ギリギリの期間で行われる練習はすっかりお祭りムードだ。朝から晩《ばん》まで、舞台上《ぶたいじょう》が人の熱気でむせかえる。

部活に関わる顧問《こもん》たちも、少なからず部員たちのムードに影響《えいきょう》を与《あた》えているといっていいだろう。二高には、生演奏《なまえんそう》のために演劇用《えんげきよう》のBGMを編曲《へんきょく》してくれるプロのミュージシャン（吹奏楽部《すいそうがくぶ》のコーチでもある）や、休日には小劇場《しょうげきじょう》の裏方《うらかた》を手伝うもう一人の演劇部顧問《えんげきぶこもん》など、たくさんの「真剣《しんけん》に遊ぶ」大人たちがそろっている。毎年演劇部《えんげきぶ》の舞台《ぶたい》の主題歌を作って歌ってくれるのもフォークソング部の顧問《こもん》の先生だ。

瑠唯《るい》たち部員にとっても、一番豪華《ごうか》なのは「特別公演《こうえん》」だという声が多い。賞《しょう》レースでも興行《こうぎょう》でもなく、顧問《こもん》だから仕方なくでもなく、それぞれの専門《せんもん》で「表現《ひょうげん》し続ける」大人たち。

ばかなことを真剣《しんけん》にやるからこそ、遊びは、人生は、面白い。

そういう大人たちの背中《せなか》を見て、部員は育っている。ステージ上に立つ人も、裏《うら》で照明や音響《おんきょう》を操作《そうさ》する人も、チラシやパンフレットを作る人も、誰《だれ》も彼《か》もがみんな交《ま》じり合って、真剣《しんけん》に遊ぶ。

そういう環境《かんきょう》で、瑠唯《るい》はずっと育ってきた。

夏の大会、そして11月の文化祭公演《こうえん》が終わるころには新入生歓迎公演《かんげいこうえん》の台本が用意されてくる。

舞台《ぶたい》のタイトルは『オリビアを聴《き》きながらを聴《き》きながらムンクの叫《さけ》びを見て叫《さけ》ぶ』。登場人物が全員忍者《にんじゃ》という設定《せってい》のもとで行われる、オムニバス形式のコント劇《げき》だ。

新入生歓迎公演《かんげいこうえん》は同時に新高校3年生の引退公演《いんたいこうえん》の場でもある。『オリビア〜』といっしょに、3年生だけで『日本』も上演《じょうえん》する。

『日本』は、架空《かくう》の王国であるハタケ国から、卒業旅行に東京の中野《なかの》ブロードウェイに遊びに来た演劇部《えんげきぶ》部員が謎《なぞ》の全身タイツ売りにだまされる、という設定《せってい》のコメディ。そして毎年演劇部《えんげきぶ》は、引退公演《いんたいこうえん》の作品で4月末に行われる城西《じょうさい》地区の春季発表会に出場しているのだ。

新歓《しんかん》の稽古《けいこ》をするころになると、瑠唯《るい》はすっかり顧問《こもん》の片腕《かたうで》として活動するようになっていた。高校3年生、つまりは大学受験生のクラスを担当《たんとう》して出張《しゅっちょう》続きの宇田川《うだがわ》先生に代わって部活動を取り仕切っていた。「瑠唯先輩《るいせんぱい》のツッコミは長い」という声もあるが、後輩《こうはい》たちに、かつての演劇部《えんげきぶ》の住人になりきれていなかった自分に向けて次々《つぎつぎ》と指示《しじ》を出していた。

城西《じょうさい》地区の春季発表会　正式名称《めいしょう》は「東京都高等学校演劇連盟《えんげきれんめい》城西《じょうさい》地区春季発表会」。城西《じょうさい》地区主催《しゅさい》の発表会で、例年、昭和の日前後に開催《かいさい》される。制《せい》限《げん》時間が夏の大会よりも短い20分で、顧問《こもん》が役者として登場してもよい点が特徴《とくちょう》。審査《しんさ》員《いん》はいないが、会場の客の投票によって東京都高校演劇連盟短編《えんげきれんめいたんぺん》演劇《えんげき》発表会に推薦《すいせん》される。

あとつけ加えるとすれば、この年は日程《にってい》が変則《へんそく》的で、例年は9月にある日本大学付属《ふぞく》高校の発表会が6月の頭に開催《かいさい》されることとなった。9月に開催《かいさい》されるのであれば、夏の大会向けに準備《じゅんび》していた舞台《ぶたい》で出場することができるのだが、6月となるとさすがに準備《じゅんび》が間に合わない。しかたがないので新入生歓迎公演用《かんげいこうえんよう》の舞台《ぶたい》『オリビア〜』を日本大学芸術学部《げいじゅつがくぶ》の中ホールに持っていくことにした。ということで、瑠唯《るい》たちの代の真の引退《いんたい》は引退公演《いんたいこうえん》を越《こ》えて6月頭になってしまった。

最後に演《えん》じた『オリビア〜』での瑠唯《るい》の役は「酔《よ》っぱらい」だった。チューハイの缶《かん》（もちろん、空だ）を片手《かたて》にバス停《てい》でバスを待っている人に絡《から》んでいく。台本があるにはあるが、約5分間、ほとんどアドリブで酔《よ》っぱらいを演《えん》じていた。まさに、表現者《ひょうげんしゃ》、伊藤瑠唯《いとうるい》の独擅場《どくせんじょう》だった。

ゆかいでやっかいな酔《よ》っぱらい。6月の日大付属《ふぞく》の発表会では審査員《しんさいん》の教員に「お手本はなんですか」と問われて「母を参考にしました」とけろりと答えた。

演劇部《えんげきぶ》5年間を走り抜《ぬ》けて、さて、いよいよ引退《いんたい》を迎《むか》えた瑠唯《るい》である。

引退《いんたい》したとはいっても、リアルな人生はこれからだ。

「日本大学の芸術《げいじゅつ》学部に内部進学して、演劇部《えんげきぶ》のコーチを目指したい」

コーチする側をめざす、というのが今現在《げんざい》の瑠唯《るい》の出した答えだ。

あれだけきついことも言ったのに、最後の公演《こうえん》の後で後輩《こうはい》がいっぱい懐《なつ》いてくれたのが印象《いんしょう》深かった。


その現場《げんば》、その場面の当事者の1人として一生懸命《いっしょうけんめい》打ち込《こ》むことで、人に感謝《かんしゃ》もされるし、ただ生きているだけではなくてそこに「存在《そんざい》」することができる。

自分が演劇《えんげき》の世界の住人として精一杯《せいいっぱい》生きることで、後輩《こうはい》たちはその背中《せなか》を追ってくれる。

瑠唯《るい》が5年間の演劇部《えんげきぶ》人生で得《え》たものは、そんな実感だったに違《ちが》いない。

すてきな思い出を胸《むね》に、これからもきっとすてきな演劇人《えんげきじん》として活躍《かつやく》してくれることだろう。


（文／ながしろばんり）

◆参考文献《ぶんけん》

本文中の脚本《きゃくほん》については、『風船少女うららの大冒険《だいぼうけん》～ブラックストーン大王から胡桃《くるみ》姫《ひめ》を救《すく》え!!～―おいカネコ、本当の悪はお前だってわかってんだぞ―』（V2ソリューション刊《かん》）より引用しました。また、名前だけ出た作品については上記書籍《しょせき》のほか、『耳《みみ》栓《せん》』（同社刊《かん》）に掲載《けいさい》があります。

STORY. 4

僕《ぼく》だって強くなれる

仙台城南《せんだいじょうなん》高等学校　フェンシング部

宮城県仙台市《せんだい》

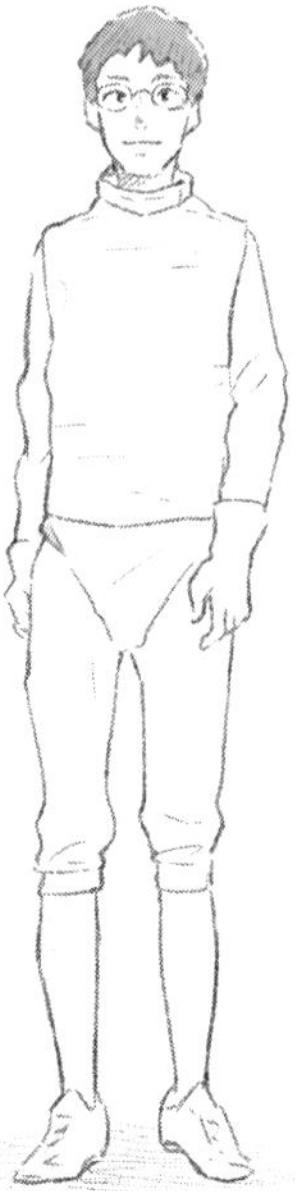

佐々木研人
Sasaki Kento

高校からフェンシングを始める。

藤澤将匡
Fujisawa Shoma

フェンシング部のエース。佐々木《ささき》の同期。

淡路卓
Awaji Suguru

オリンピック団体《だんたい》の銀メダリスト。フェンシング部のコーチ。

猪狩つばさ
Ikari Tsubasa

幼少《ようしょう》からフェンシングを始める。佐々木《ささき》の同期。

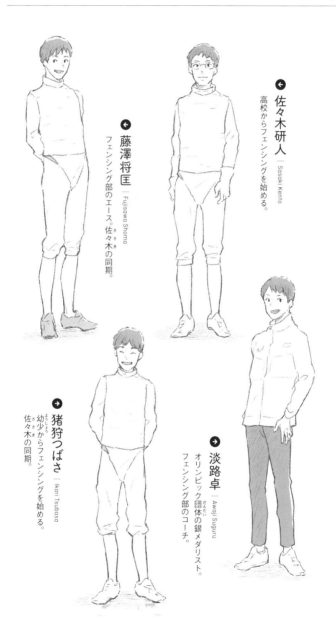

熱血コーチがやって来た

キュキュッ、と床《ゆか》に滑《すべ》るシューズの音が体育館に響《ひび》く。

宮城県仙台《せんだい》市の仙台城南《せんだいじょうなん》高校フェンシング部。部員数は少ないけれど、練習はいつも熱気であふれている。

体育館を一面ドーンと使えるような広い場所ではないし、お世辞にもきれいとは言えない小さな練習場。でもここが3年間、僕《ぼく》たちが熱血コーチと一緒《いっしょ》に汗《あせ》を流した場所だ。

フェンシングの練習はどれも地味なものばかり。膝《ひざ》を軽く曲げ、少し重心を落とす。その体勢《たいせい》をキープしたまま、足を一歩、前、今度は後ろ。簡単《かんたん》そうに見えるステップの練習も実は全身運動。10分も続ければ体中から汗《あせ》が出てくる。

経験者《けいけんしゃ》にとっては軽々《かるがる》こなす準備《じゅんび》運動のようでも、フェンシングを始めたばかりの初心者であればステップ練習だけでも息が上がる。高校からフェンシングを始めた僕《ぼく》もまさにそうだった。

そうだ。自己紹介《じこしょうかい》が遅《おそ》くなりました。僕《ぼく》の名前は佐々木研人《さ さ きけんと》。仙台城南《せんだいじょうなん》高校に入学してフェンシングを始める前、小学生のころは少林寺拳法《けんぽう》、中学では卓球部《たっきゅうぶ》に入っていたけれど、特別運動が得意《とくい》だったわけではない。

じゃあ、なぜフェンシングを選んだのか。理由は簡単《かんたん》。単純《たんじゅん》に、フェンシングの剣《けん》がカッコよかったからだ。

さらにつけ加えるならば、それほど運動が得意《とくい》ではない僕《ぼく》でも、広いグラウンドを走り回るサッカーや、技術《ぎじゅつ》練習に加えてトレーニングや長距離走《ちょうきょりそう》を日常《にちじょう》的に行う野球と比《くら》べたら、フェンシングはきっと楽だろう。正直に言えば、そんな甘《あま》い気持ちもあった。

でも、入ってすぐ、それが大間違《おおまちが》いだったことに気づく。いや、気づかされた。僕《ぼく》にフェンシングの厳《きび》しさ、そして楽しさを教えてくれたのが仙台城南《せんだいじょうなん》高校の淡《あわ》路卓《じすぐる》コーチだ。

「斜《なな》めに足を動かすんじゃなくて、前だよ、前！　練習からきちんとしないと、試合の時に出るから、意識《いしき》するように！」

毎日、練習中には淡路《あわじ》コーチの声が響《ひび》く。

淡路《あわじ》コーチは、県内でも無名に近い仙台城南《せんだいじょうなん》高校フェンシング部を全国大会へ導《みちび》いた立役者で、元オリンピック選手でもある。

僕《ぼく》たちと同じ宮城県仙台《せんだい》市出身の淡路《あわじ》コーチは、指導者《しどうしゃ》でもあったお父さんの影響《えいきょう》で、子どものころからフェンシングが大好きだった。友だちから「遊びに行こう」とか「カラオケに行こう」と誘《さそ》われても、迷《まよ》わずフェンシングを選んでいたというくらい生粋《きっすい》の「フェンシング少年」で、小さいころからエリートそのものだ。何しろ学生時代から、全国大会だけでなく日本代表として世界大会にも数多く出場して、優勝《ゆうしょう》したこともある。２００８年の北京《ペキン》オリンピックで、日本人のフェンシング選手としてはじめて銀メダルを獲《と》った太田雄貴《おおたゆうき》さんと一緒《いっしょ》に日本代表として活躍《かつやく》し、２０１２年のロンドンオリンピックでは団体戦《だんたいせん》に出場した。

淡路《あわじ》コーチは、そのころずっと「オリンピックに出て、メダルを獲《と》ればきっと人生が変わる」と思っていて、そのために朝から晩《ばん》まで必死に練習してきたそうだ。

太田雄貴《おおたゆうき》
2017年より、日本フェンシング協会会長。北京《ペキン》オリンピックでは、フェンシング男子フルーレ個人《こじん》に出場して銀メダル、日本人初のメダリストとなった。4年後のロンドンオリンピックでも男子団体《だんたい》で銀メダルを獲得《かくとく》。

そして実際《じっさい》に団体戦《だんたいせん》では銀メダルを獲得《かくとく》。本当に「オリンピックでメダルを獲《と》る」という夢《ゆめ》を叶《かな》えるなんて、それだけでも僕《ぼく》らからすればものすごいことだけれど、現実《げんじつ》はそんなに輝《かがや》かしいことばかりじゃなかった。

　メダリストになった直後は華《はな》やかでも、数か月もすればオリンピックに出る前、メダリストになる前と同じ生活で、むしろ「これからどうしたらいいんだろう」と不安のほうが大きくなって、「フェンシング選手としてもっとがんばることよりも、安定した人生を選んだほうがいいんじゃないか」と引退《いんたい》を決めた。

　地元仙台《せんだい》に戻《もど》った淡路《あわじ》コーチが、僕《ぼく》たちの通う仙台城南《せんだいじょうなん》高校で指導《しどう》をするようになったのはそのころだった。僕《ぼく》たちからすれば、わからないことは何でも教えてくれて、大げさではなく「淡路《あわじ》コーチの言う通りに練習すれば強くなる」と言えるぐらいすごいコーチだ。でも、コーチを始めたばかりのころ、実は淡路《あわじ》コーチもどう教えればいいのか迷《まよ》っていたそうだ。

　選手としては超《ちょう》一流でも、教える、ということは初めて。ましてや淡路《あわじ》コーチのようなエリート選手ばかりではなく、僕《ぼく》のような初心者もいるし、力の差も経験《けいけん》も、体つきも性格《せいかく》も違《ちが》う高校生たちにどんな風に教えれば伝わるのかわからないのだから、迷《まよ》うのも当たり前。

僕《ぼく》にはよくわかる。

だって、淡路《あわじ》コーチなら簡単《かんたん》にできることが僕《ぼく》にはできない。

もともと不器用だし、どうしてそれができないのか、考えれば考えるほど頭はパンクして、余計《よけい》に身体が動かない。そこで「何でできないの?」と聞かれたら、何も答えることはできないし、泣きたくなってしまうかもしれない。

だから淡路《あわじ》コーチは一生懸命《いっしょうけんめい》勉強したそうだ。僕《ぼく》たちのような初心者にも意味がわかるように、少しでも伝わるように。学校の授業《じゅぎょう》やテスト勉強をするように、細かい動きを一つずつ紐解《ひもと》いてノートに書いて理解《りかい》し直す。感覚で「やってみて」と言うのではなく、もっと具体的にわかりやすく説明できるように勉強して、コーチとしての経験《けいけん》を重ねた。

僕《ぼく》らが入学する前、淡路《あわじ》コーチが来たころはたった5人しかいなかった部員も、淡路《あわじ》コーチの実績《じっせき》や評判《ひょうばん》を聞いて、少しずつ増《ふ》えた。今では初心者も経験者《けいけんしゃ》も、淡《あわ》路《じ》コーチのように世界を目指す選手もいて、練習は毎日活気であふれていたんだ。

カッコよくなりたい

練習は、ほぼ休みなく毎日。授業《じゅぎょう》が終わってから練習場に集まり、まずはソフトバレーボールを使って楽しみながら体を動かしてウォーミングアップ。2対2や3対3、遊び感覚のゲームをして、体が温まったらフェンシングの練習がスタートする。まずは剣《けん》を持たずに、フットワークを何往復《なんおうふく》もする。最初はゆっくりだけれど徐々《じょじょ》にスピードを上げる。時間にすれば10分から15分。なんだそれだけか、と思う人、それは大間違《おおまちが》いだ。重心を落として前へ、後ろへ素早《すばや》く移動《いどう》するのは至難《しなん》の業《わざ》で、フットワークが終わるころにはTシャツがびっしょり濡《ぬ》れるほど汗《あせ》をかくし、膝《ひざ》に手を当てないと立っていられないほど息も上がる。

短い休憩《きゅうけい》を挟《はさ》んで水分を補給《ほきゅう》したら、剣《けん》を持ち、素振《すぶ》りやファイティングが始まる。全員が横一列に並《なら》んで淡路《あわじ》コーチの真似《まね》をしながら動いたり、時には淡路《あわじ》コーチと1対1でレッスンをしたり。それぞれのレベルや課題、克服《こくふく》したいテーマなど

ファイティング
試合形式の練習。

に応《おう》じた個別《こべつ》練習を行う。

淡路《あわじ》コーチは、日本代表としてオリンピックに出場するほどの人だ。たとえば、「振《ふ》り込《こ》み」といって、向き合った状態《じょうたい》からジャンプして相手の背中《せなか》を突《つ》く技《わざ》を教えてくれる時も、口で説明するだけでなく淡路《あわじ》コーチが実際《じっさい》に手本を見せてくれる。練習中に、いとも簡単《かんたん》にやってみせる振《ふ》り込《こ》みはとてもカッコよくて、僕《ぼく》も「こんな風にやってみたい！」と思ったし、僕《ぼく》だけじゃなくあの華麗《かれい》な姿《すがた》を見れば、誰《だれ》だって自然にそう思うようになる。だから、最初は「きついなぁ」と思っていた練習も「これができるようになりたい」と思えば自然に熱が入る。

淡路《あわじ》コーチが組み立てる練習は厳《きび》しいけれどユニークで、いつも僕《ぼく》たちの競争心をあおってくる。たとえば、トレーニングでダッシュを行う時も、ただ単に「50ｍを8本走ろう」と距離《きょり》や本数だけ決めるのではなく、ダッシュの前にジャンケンをして、「負けたらもう1本」とか、罰《ばつ》ゲームをうまく入れてくるから、「絶対《ぜったい》次は負けないぞ！」とみんな必死でがんばる。

そして、極めつけは淡路《あわじ》コーチと2人で行う実戦形式のファイティングだ。

選手とコーチ、しかもキャリアも技術《ぎじゅつ》も違《ちが》うのだから、多少手加減《てかげん》をしてくれると思うだろう？　いやいや、それは大間違《おおまちが》い。淡路《あわじ》コーチはどんな時も一切《いっさい》手を抜《ぬ》かず、容赦《ようしゃ》なく攻《せ》めて僕《ぼく》たちに圧勝《あっしょう》する。新しい技《わざ》を覚えてもすぐかわされるし、ちょっとでもスキを見せれば攻撃《こうげき》される。否《いや》が応《おう》でも「淡路《あわじ》コーチは強い」と思わされるし、「自分もこんな風に強くなりたい」と思わせてくれる。

だから僕《ぼく》たちは、「淡路《あわじ》コーチに聞けば何でもわかる」と迷《まよ》わず思えるし、聞けば「こうすればいい」と明確《めいかく》に答えてくれるから、自分にどんな練習が必要か、よくわかるようになったんだ。

部員が増《ふ》えて、仲間が増《ふ》えれば連帯感も生まれるけれど、同時に「負けたくない」というライバル心も生まれる。

淡路《あわじ》コーチとのレッスンだけでなく、仙台城南《せんだいじょうなん》高校の「おつき制度《せいど》」というペアで取り組む独自《どくじ》の練習方法も、仲間意識《いしき》と競争心を高める1つの策《さく》だ。

普段《ふだん》の練習中から2人1組になり、それぞれの目標をクリアするため一緒《いっしょ》にがんばる。それも、強い選手や経験者《けいけんしゃ》の選手同士《どうし》がペアになるのではなく、強い選手と初心者、もしくは初心者からちょっと成長したような選手、つまり同じレベルではなく全然違《ちが》うレベルの2人があえてペアを組む。

見る人によっては「それで練習になるの？」と思うかもしれない。

でも、「おつき制度《せいど》」は2人1組が一緒《いっしょ》に同じレッスンをするのではなく、お互《たが》いがお互《たが》いのために「何をすればいいか」を考え、それぞれに必要な練習を行い、コーチ役と選手役を互《たが》いに繰《く》り返す。それが特徴《とくちょう》だ。

練習内容《ないよう》をどうするか。それも2人で決める。

淡路《あわじ》コーチからは「何でもいいから、自分たちに必要なことは何かを考えて実行しよう」と言われるだけなので、普段《ふだん》の練習で淡路《あわじ》コーチから受けるアドバイスをもとにして、選手同士《どうし》で練習メニューを考えて組み立てる。もちろん中心になるのはフェンシングの技術《ぎじゅつ》練習だ。

でも、毎日それればかりではなく、なかなか結果が出なくてうまくいかない時や、スランプに陥《おちい》っている時はフェンシングから離《はな》れて「今日は体力づくりを中心にしよう」と、筋力《きんりょく》トレーニングや体力トレーニングに打ち込《こ》む時もあるし、試合が続いて疲《つか》れている時などは、まず体の疲《つか》れを取って気持ちをリフレッシュするために、バレーボールやバドミントンをすることだってある。

時には「本当にこの練習でいいのかな？」と思うこともあるけれど、淡路《あわじ》コーチは「何をしてもいいと言った以上は、何が正解《せいかい》で何が間違《まちが》いかは問わないし、思ったことをやればいい」と言ってくれる。

ペアごとに選ぶ練習はまったく違《ちが》うけれど、それでも全員が同じように「お互《たが》いを高める」という意識《いしき》を持っている。ペアを組む選手が試合で勝てば自分もその力になれたと実感できるからうれしいし、初心者同然だった選手にできることが増《ふ》えれば、自分のアドバイスが効《き》いた、と自信になる。

何より、お互《たが》いに必要なことを知るためには普段《ふだん》からたくさん話をしなければならないから、自然とコミュニケーションも深まる。そうやって一緒《いっしょ》に時間を過《す》ごすことで、個人競技《こじんきょうぎ》のフェンシングでも、一つの「チーム」としてまとまり、絆《きずな》も強くなる。

練習が終わるのはいつも、20時の完全下校時刻《じこく》ギリギリ。終わるころにはヘトヘトになるけど、僕《ぼく》らは練習の大切さを感じていたし、充実《じゅうじつ》した毎日を過《す》ごすことができたんだ。

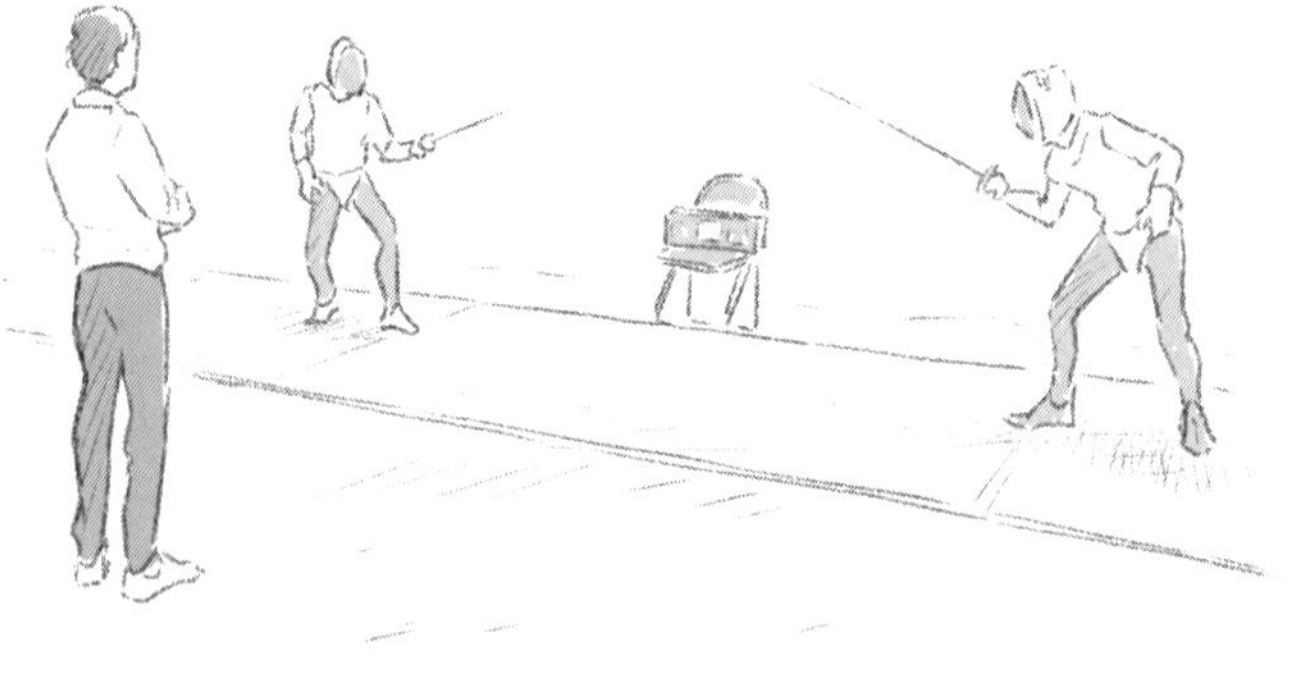

ダメな自分

淡路《あわじ》コーチが来てから、仙台城南《せんだいじょうなん》高校のフェンシング部はどんどん変化した。最初は地区予選に出るだけ、少しステップアップして県大会に出るのがやっとのレベルだったのに、県大会で勝って、東北大会でも勝てるようになった。そして、全国大会に出場するレベルまで、一気に飛躍《ひやく》を遂《と》げた。

その立役者になったのが、僕《ぼく》の2人の同級生、藤澤将匡《ふじさわしょうま》選手と猪狩《いかり》つばさ選手だ。

もともと宮城県はフェンシングが盛《さか》んで、特に気仙沼《けせんぬま》市は多くの選手を輩出《はいしゅつ》していた。淡路《あわじ》コーチと同じロンドンオリンピックでメダルを獲《と》った千田健太《ちだけんた》さん、アテネ、北京《ペキン》、ロンドンに出場した菅原智恵子《すがわらちえこ》さんも気仙沼《けせんぬま》の出身。全国有数のフェンシング強豪地域《きょうごうちいき》で、小さいころからフェンシングを始める選手も多く、そのほとんどが地元の高校に進み全国大会に出場する。けれど、その気仙沼《けせんぬま》から「淡路《あわじ》先生に教えてもらってフェンシングがしたい！」と、わざわざ仙台城南《せんだいじょうなん》にやって来た

千田健太《ちだけんた》
北京《ペキン》オリンピックでは11位入賞《にゅうしょう》、ロンドンオリンピックでは男子フルーレ団体《だんたい》で銀メダルを獲得《かくとく》。

菅原智恵子《すがわらちえこ》
北京オリンピックとロンドンオリンピックの女子フルーレ個人《こじん》でともに7位入賞《にゅうしょう》。

のが藤澤《ふじさわ》選手だった。

小学生のころからフェンシングを始めた藤澤《ふじさわ》選手は、小さいころから数々《かずかず》の大会に出場して勝ってきた正真正銘《しょうしんしょうめい》のエリート。地元だけでなく他の多くの学校から「うちに来てほしい」と声がかかるほどの有名選手だったが、「オリンピックに出た淡路《あわじ》コーチの指導《しどう》が受けたい」と仙台城南《せんだいじょうなん》を選んだ。

そして同じ時期に、淡路《あわじ》コーチも在籍《ざいせき》した仙台《せんだい》フェンシングクラブで、子どものころからフェンシングを始めた猪狩《いかり》選手も入部。目標は全国優勝《ゆうしょう》、そしてその先の日本代表、さらにはオリンピック、と言えるほどの実力を持つ2人は、入学後すぐに結果を出し、宮城を制《せい》して全国でも名を馳《は》せた。

そうなれば、チーム内でのライバル争いは激《はげ》しくなるし、藤澤《ふじさわ》選手や猪狩《いかり》選手のようになりたい、と強い選手が育つようになる。猪狩《いかり》選手と同じ仙台《せんだい》フェンシングクラブで、子どものころからフェンシング経験《けいけん》を重ねた内ヶ崎良磨《うちがさきりょうま》選手もそうだ。強い先輩《せんぱい》たちの姿《すがた》を見て「もっと強くなりたい!」と練習を重ねる内ヶ崎《うちがさき》選手はどんどん強くなって、うまくなって、3人で組む団体戦《だんたいせん》のメンバーは藤澤《ふじさわ》選手と猪狩《いかり》選手、そして内《うち》ケ崎《がさき》選手でほぼ固定されるようになった。

大会に出れば勝つ、強い同級生や後輩《こうはい》の姿《すがた》は誇《ほこ》らしくてまぶしい。でも、同じぐらい僕《ぼく》には苦しかった。

もちろんチームとしては、勝つための理想的な形だということはわかっているけれど、周りがうまくなればなるほど、ヘタクソな自分やできないことばかりに目が向いて「自分はダメだ」と落ち込《こ》んでいた。

だって同じだけの時間を費《つい》やして練習しているのに、僕《ぼく》はどれだけやってもうまくならない。身体を鍛《きた》えるために走る距離《きょり》が増《ふ》えれば増《ふ》えるほど僕《ぼく》はきつくて仕方ないのに、同級生や下級生のエリートたちは、いとも簡単《かんたん》に課題をクリアする。

やればやるほど落ち込《こ》み、「フェンシングなんて楽しくない」と思うようになった僕《ぼく》を見かねて、藤澤《ふじさわ》選手も猪狩《いかり》選手も、いろいろアドバイスをしてくれた。

「大丈夫《だいじょうぶ》だよ」といつも声をかけてくれたけれど、僕《ぼく》と2人とではできることのレベルが違《ちが》いすぎる。

そんな同級生がまぶしすぎて、僕《ぼく》は相談どころか弱音を吐《は》くこともできなかった。

だから僕《ぼく》は逃《に》げた。

しかも練習をサボるだけでなく、本当に合宿先から逃《に》げ出した。

だってこんなに練習してもうまくならないんだから、ここにいても仕方ない。

一度は「やっぱり戻《もど》ろう」と思って引き返したけれど、また練習をしているうちに嫌《いや》になって、「もう無理だ」と逃《に》げ出した。

僕《ぼく》は何度も逃《に》げた。もうフェンシング部に戻《もど》ることはできない。

それぐらいの覚悟《かくご》はあったし、もうフェンシングは辞《や》めようと思った。でも、そんな僕《ぼく》を心配して藤澤《ふじさわ》選手や猪狩《いかり》選手は何度も連絡《れんらく》をくれた。

「また一緒《いっしょ》にフェンシングをやらないか」

最初は「戻《もど》っても僕《ぼく》がいる場所なんてない」と思っていたけれど、家にいれば自然と「みんな元気かな」とか「今はどんな練習をしているんだろう」と考えていた。

戻《もど》ろうかな。戻《もど》ってもいいのかな。

自問自答しながらも、「戻《もど》るなら並大抵《なみたいてい》の覚悟《かくご》では無理だ」と思うとまた足が止まる。「今までの僕《ぼく》とは違《ちが》います」と胸《むね》を張《は》って言えるようになりたいけれど、今の僕《ぼく》はまだ自信がない。戻《もど》っても、また逃《に》げてしまうかもしれないし、僕《ぼく》にはやっぱり無理だ。ずっと、そんな風に考えてウジウジしていた。

だけど、僕《ぼく》をまたフェンシングに引き戻《もど》してくれたのは、輝《かがや》くほど強い2人の同級生の存在《そんざい》だった。僕《ぼく》は「こんなに強い選手ばかり揃《そろ》っているのだから、弱い自分なんていても意味がない」と思っていた。でもそんな僕《ぼく》を見捨《みす》てず、「もう一度一《いっ》緒《しょ》にやろうよ」と言葉をかけ続けてくれた2人の仲間は、さまざまな大会に出るたび強くなり、県内に名を馳《は》せ、どんどん輝《かがや》かしい存在《そんざい》になっていく。

勝った、と聞けば「おめでとう」と言いたくなる。でも「逃《に》げたくせに」と思われたらどうしよう、と思って踏《ふ》み出せない。だけど、ある時ふと思ったんだ。

もしも自分がこのまま、逃《に》げたままフェンシングを辞《や》めてしまったら、そんな同級生たちのことも、思い出したくない記《き》憶《おく》になってしまうのではないか。そうしたらいつか彼《かれ》らが日本代表選手としてオリンピックに出る日が来ても、僕《ぼく》は心から「がんばれ」と言えないかもしれない。

僕《ぼく》はもともと人づきあいがあまり得《と》意《くい》なほうではない。自分の思うことを言葉で伝えるのも苦手だし、そもそもどんな風に言えば伝わるのかもわからない。

でも、思ったんだ。

フェンシングを、仲間を嫌《きら》いになるのは嫌《いや》だ。

どんな風に見られても、思われてもいいから、もう一度、一緒《いっしょ》に練習してきた仲間とがんばろう。

勇気を出して、僕《ぼく》はまた仙台城南《せんだいじょうなん》高校のフェンシング部に戻《もど》った。そして、辞《や》めるのをやめた僕《ぼく》を、仲間たちも、淡路《あわじ》コーチも受け入れてくれた。

逃《に》げ出した僕《ぼく》だけれど、戻《もど》った以上は弱音を吐《は》くわけにはいかない。

気合を入れて苦しい練習を乗りこえ、僕《ぼく》たち3年生にとって最後の公式戦となるインターハイ、国体出場をかけた宮城県予選に臨《のぞ》んだ。

仲間のために

エースの藤澤《ふじさわ》選手を筆頭に、猪狩《いかり》選手も内ヶ崎《うちがさき》選手も絶好調《ぜっこうちょう》。中学校までは野球部だったけれど、小学生のころからフェンシングをやりたいと思っていて、その環《かん》境《きょう》を求めて仙台城南《せんだいじょうなん》高校にたどり着いた、という阿部康樹《あべこうき》選手もメキメキ実力をつけている。いつもマイペースで飄々《ひょうひょう》としている阿部《あべ》選手だけれど、野球で鍛《きた》えた運動能力《のうりょく》のおかげでフェンシングの技術《ぎじゅつ》を覚えるのも早い。メンタルも強くて、2歳下《さいした》とは思えないくらいの阿部《あべ》選手は、すぐにチームの戦力へと成長した。

フェンシング部としていろいろな経験《けいけん》を重ね、淡路《あわじ》コーチの評判《ひょうばん》も高くなったおかげで選手層《せんしゅそう》も厚《あつ》くなり、目標だった全国大会出場に向けて準備《じゅんび》は整った。3年生同士《どうし》の絆《きずな》も強くなり、あれほど苦しかった練習も、すべては強くなるため、全国大会で勝つためと思えば不思議と耐《た》えられる。

そしてついに、仙台城南《せんだいじょうなん》高校のみんなが自信と期待を持って臨《のぞ》んだ国体予選。

万全の態勢《たいせい》で臨《のぞ》んだ大会。予期せぬアクシデントが起きたのは、まさにそんな時だった。

藤澤《ふじさわ》選手、猪狩《いかり》選手、内ヶ崎《うちがさき》選手とリザーブメンバーの僕《ぼく》。そして、何か緊急《きんきゅう》事態《じたい》が起きた時の交代要員として登録された阿部《あべ》選手。それが僕《ぼく》たち仙台城南《せんだいじょうなん》高校の団体戦《だんたいせん》メンバー。

宮城ではもはや有名になりつつあった3人の選手が存分《ぞんぶん》に力を発揮《はっき》していた団体《だんたい》戦《せん》の最中、急に、バチンと大きな音がして、猪狩《いかり》選手がうずくまった。

何が起きたのか、すぐにはわからなかったけれど、足をかかえる猪狩《いかり》選手を見ているうち、ただ転んだというような軽い事態《じたい》ではないことは僕《ぼく》たちにもわかった。

そして、トップアスリートとしての経験《けいけん》を持つ淡路《あわじ》コーチはきっとその瞬間《しゅんかん》に、猪狩《いかり》選手のケガはその場で治療《ちりょう》すれば治るようなものではなく、すぐに病院へ連れて行かなければならないものだとわかったはずだ。

でも、目の前の試合は止まってくれない。

もしも指導者《しどうしゃ》である淡路《あわじ》コーチが抜《ぬ》ければ、試合はそこで終わり。僕《ぼく》たちは棄権《きけん》

リザーブメンバー
控《ひか》えの選手。

したとみなされ、国体出場、全国大会への道は閉《と》ざされる。そのことがわかっていたから、猪狩《いかり》選手につき添《そ》って病院へ行きたい気持ちを必死で抑《おさ》え、淡路《あわじ》コーチは試合に残ってくれた。

しかし、大きな問題が生じた。

猪狩《いかり》選手が抜《ぬ》けたポジションに誰《だれ》を入れるか。

もともと出場していた藤澤《ふじさわ》選手と内ヶ崎《うちがさき》選手と、あと1人をどうするか。

僕《ぼく》か、阿部《あべ》選手か。淡路《あわじ》コーチはきっと迷《まよ》っていたんだと思う。

だから、淡路《あわじ》コーチは僕《ぼく》と阿部《あべ》選手に、こう伝えた。

「猪狩《いかり》がケガをしてしまって、2人のうち、どちらかが試合に出ることができる。どっちが出る？　どっちが出たらいいと思う？」

僕《ぼく》は迷《まよ》わなかった。

「任《まか》せてください。僕《ぼく》はいつでも準備《じゅんび》ができています」

一瞬驚《いっしゅんおどろ》いた顔をしたけれど、淡路《あわじ》コーチが僕《ぼく》の目を見てこう言った。

「わかった。じゃあ研人《けんと》に任《まか》せる」

いつもなら試合になると緊張《きんちょう》するのに、その時は不思議なぐらい落ち着いていた。だって、たとえ僕《ぼく》がポイントを取られたとしても藤澤《ふじさわ》選手や内ヶ崎《うちがさき》選手がその分、いや何倍も取り返してくれることはわかっていたから。それに、何度も逃《に》げ出した僕《ぼく》に「一緒《いっしょ》にがんばろう」と言ってくれた仲間を助けられるのは今だけだ。

そう思えば、怖《こわ》いことなんてなかった。

全国大会がかかった試合なのだから、当然相手は強い。でも、僕《ぼく》は勝てなくても仲間につなげばいいんだ。それだけを考えて必死で戦った。

団体戦《だんたいせん》は3人対3人、すべての選手と対戦しながらリレー形式で仲間につなぐ。急遽《きゅうきょ》試合に出場することになり、僕《ぼく》がポイントを多く取られてしまった試合もあったけれど、僅差《きんさ》で相手に勝った試合もあった。そして、どんなに苦しい状況《じょうきょう》になろうとエースの藤澤《ふじさわ》選手が、淡路《あわじ》コーチや僕《ぼく》らに向けて「勝ってきます」と力強く宣言《せんげん》して、本当に相手を圧倒《あっとう》する。そんな強さも頼《たの》もしかった。

相手に点差を縮《ちぢ》められた時は「僕《ぼく》のせいで負けてしまったらどうしよう」と思ったけれど、何とか踏《ふ》ん張《ば》って、勝つことができた。

団体戦《だんたいせん》（リレー形式）
3人対3人の総当《そうあ》たり戦で、1試合に9つの対戦がある。5ポイント先取、あるいは3分たつと次の対戦にうつり、勝利した対戦の数ではなく、先に合計で45ポイント取ったチームが勝ちとなる。

終わった瞬間《しゅんかん》は、僕《ぼく》も団体戦《だんたいせん》の勝利に少し貢献《こうけん》することができた、とホッとした。

ケガをした猪狩《いかり》選手は本当に悔《くや》しかったと思う。

でもその思いも背負《せお》って、僕《ぼく》たちは突然《とつぜん》のアクシデントを乗りこえ、全員で踏《ふ》ん張《ば》り力を合わせて戦った結果、全国大会の出場権《しゅつじょうけん》を手に入れた。

新しい自分

淡路《あわじ》コーチや仲間と一緒《いっしょ》に重ねてきた練習が、こんな風に結果へとつながるんだ。勝てた喜《よろこ》び、全国大会という目標を達成できたうれしさでいっぱいの僕《ぼく》を見て、実は誰《だれ》より驚《おどろ》いていたのが淡路《あわじ》コーチだった。もちろん僕《ぼく》には教えてくれなかったけれど、心の中でこんなことを思っていたらしいんだ。

部活の練習が厳《きび》しくて、苦しくて夜逃《よに》げしてしまうような研人《けんと》が「任《まか》せてください」と言う日が来るなんて。その言葉を聞いて、迷《まよ》わず研人《けんと》を送り出してよかった。高校生は、3年間という短い時間で、大人の予想や想像《そうぞう》をはるかに超《こ》えて成長する。自信がつくというのはこういうことなんだな。大人の完成されたフェンサーに比《くら》べて、成長が目に見える。これが指導者《しどうしゃ》の楽しさだ、って。

淡路《あわじ》コーチが来る前までは弱小どころか、部員も数えるほどしかいなかった。淡《あわ》路《じ》コーチが来てからも、基本《きほん》を徹底《てってい》して繰《く》り返す厳《きび》しい練習に音を上げて、僕《ぼく》のように気持ちの弱い入部希望者は次々《つぎつぎ》に辞《や》めていく。最初はそんな小さな仙台《せんだい》のフェンシング部だった。

でも、元オリンピック選手の熱血コーチが来てから、僕《ぼく》たちは変わったんだ。

最初は目標が全国大会なんて思えなかったし、毎日のトレーニングが苦しくて、逃《に》げたこともあった。でもまたこの場所が僕《ぼく》を受け入れてくれて、遠い夢《ゆめ》だった全国大会に手が届《とど》いた。

淡路《あわじ》コーチの評判《ひょうばん》は高校の世界だけに留《とど》まらず、今では小さな子どもまで、「淡《あわ》路《じ》さんに教えてほしい！」と僕《ぼく》たちの練習にやってくる。もちろん、一緒《いっしょ》に同じメニューをすることはできないし、淡路《あわじ》コーチの身体は1つしかないから、つきっきりで練習を見てあげられるわけではない。でもそんな時は、僕《ぼく》たちが子どもたちのコーチ役になって、ゲーム感覚でやってきた練習をみんなで一緒《いっしょ》にやってみる。教えることは難《むずか》しいけれど、楽しそうに取り組んでいる子どもたちを見ると僕《ぼく》も楽しいし、もっともっとがんばらなきゃ、と思うんだ。

一度は現役《げんえき》を引退《いんたい》した淡路《あわじ》コーチだけれど、僕《ぼく》たちに教えるうちに、また新たなフェンシングの楽しさを感じて、「もう一度がんばろう」と選手としても復帰《ふっき》した。Ⅰ人の選手として全日本選手権《せんしゅけん》に出場したり、時々《ときどき》日本代表の遠征《えんせい》に行ったりする姿《すがた》はカッコいいし、やっぱり強くてすごい人だな、と僕《ぼく》たちもまた憧《あこが》れる。

まぶしいのは淡路《あわじ》コーチだけではなくて、仲間も同じだ。国体だけでなく、個人《こじん》の部で出場したインターハイで藤澤《ふじさわ》選手は全国3位になって、高校生だけでなく、日本代表選手も出場する全日本選手権《せんしゅけん》にも出場した。そして阿部《あべ》選手も、フェンシングを始めてわずかⅠ年で宮城県大会3位になるほど急成長を遂《と》げている。

「自分がうまくなれたのは淡路《あわじ》コーチや先輩《せんぱい》がいろいろなことを教えてくれたから。特に淡路《あわじ》コーチのアドバイスはⅠ00％的確《てきかく》だから、信じて、その通りにやれば間《ま》違《ちが》いない」

阿部《あべ》選手の言葉は、本当にその通りだと思う。

一緒《いっしょ》に練習してきた仲間が、どんどん強くなるのを見られるのはうれしい。だから、やっぱり思うんだ。あの時逃《に》げたまま終わらなくて、本当によかった、って。

どんな選手、人間にだって、きっとチャンスはある。

運動能力《のうりょく》が高くなくて、人とコミュニケーションを取ることも苦手な、フェンシング初心者の僕《ぼく》だってこんな風に強くなれたんだから。

高校を卒業して、これから先の人生がどうなるかはわからない。でも僕《ぼく》らと接《せっ》するうちに、淡路《あわじ》コーチはこんな風に考えるようになったそうだ。

「今までは選手を勝たせること、チームを勝たせることを一番に考えてきたけれど、今はそれだけじゃない。勝つまでの過程《かてい》、強くなる過程《かてい》をもっと大事にしてほしい。努力を当たり前にできることや、仲間同士《どうし》できちんとコミュニケーションを取れること。たとえ的外れでも『自分はこう思う』『こうなりたい』と言えるようになってほしい。そして、なりたい自分になるために何が必要かをどんどん自分で考えて、僕《ぼく》に対しても『自分はこうしたい』と意見できるようになってほしい。そうやって、自分で変わっていこうとする生徒たちと一緒《いっしょ》に僕《ぼく》もがんばりたいし、自分たちでたくさん考えて答えを出すことを当たり前のようにできる部活にしたい。そして、高校の3年間が終わるころには、一人前の大人としてちゃんと巣立ってほしい、というのが僕《ぼく》の願い、そして大きな夢《ゆめ》なんだ」

苦しい練習メニューの後は思わず座《すわ》り込《こ》んでしまうこともあるし、立ち上がれないんじゃないかと思うぐらい疲《つか》れ果ててヘトヘトになることだってある。暑い夏だけじゃなく、寒い冬でも2時間から3時間の練習が終わるころには、みんな汗《あせ》びっしょり。Tシャツはいつもぐちょぐちょになるぐらい、練習はつらくて、厳《きび》しいけれど、確実《かくじつ》に僕《ぼく》らは強くなっている。

そして何より、フェンシングは楽しい。

今日も疲《つか》れたぁ、とか、お腹《なか》がすいたぁ、とか言いながら、毎日練習が終わるころには、僕《ぼく》らはみんな笑顔だ。毎日苦しくても、そして学校を卒業して大人になっても、熱血コーチと一緒《いっしょ》に、仲間と一緒《いっしょ》にがんばって支《ささ》え合って、乗りこえてきたこの日々《ひび》は僕《ぼく》らの大事な宝物《たからもの》で、いつでも帰ることのできる大切な場所なんだ。

（文／田中夕子）

STORY. 5

まだまだ先は長い

駒場《こまば》東邦《とうほう》中学校・高等学校 折り紙同好会

東京都世田谷《せたがや》区

外村裕 Tonomura Yu

駒場《こまば》東邦《とうほう》で6年間、折り紙同好会に所属《しょぞく》する。

佐々木貴史 Sasaki Takafumi

外村《とのむら》のクラスメイト。折り紙同好会会員。

中川功大 Nakagawa Kodai

外村《とのむら》、佐々木《ささき》に紹介《しょうかい》されて折り紙同好会を知る。

今にも動き出しそう

大きく翼《つばさ》を広げた龍《りゅう》が、長い首を後ろに曲げ、外村裕《とのむらゆう》を鋭《するど》い目つきでにらんでいた。

その名は『エンシェントドラゴン』。意味は、古代の龍《りゅう》だ。

龍《りゅう》と言っても、生きて動くわけではない。外村《とのむら》の目を釘《くぎ》づけにしたのは、折り紙で作られた十数cm四方の大きさの龍《りゅう》だった。

2015年9月のある日、外村《とのむら》は、中高一貫《いっかん》の駒場東邦《こまばとうほう》中学校・高等学校の文化祭を親と一緒《いっしょ》に訪《おとず》れていた。同校の折り紙同好会は、毎年文化祭で、凝《こ》った折り紙作品を教室に並《なら》べて展示《てんじ》する。『エンシェントドラゴン』は、そんな作品の1つだった。

まるで本当に生きているように、今にもはばたいて飛び立ち、口から火を噴《ふ》きそうだ――。外村《とのむら》は龍《りゅう》から目が離《はな》せなかった。

エンシェントドラゴン
日本の折り紙作家、神谷哲史《かみやさとし》が2002年に発表した作品。

（僕《ぼく》は幼《おさな》い時から折り紙が好きだった。特に好きだったのが小さな紙から折る、数㎜くらいの大きさの折り鶴《づる》だ。細かなところも注意して、ていねいに指を動かさないと、小さな鶴《つる》を折ることはできない。苦労して折ったミニ折り鶴《づる》を友だちにあげると、みんなが喜んでくれた。ミニ折り鶴《づる》を折れることが僕《ぼく》の自慢《じまん》だった。でも今、僕《ぼく》の前にいる龍《りゅう》は、とてもそんなレベルじゃない。はるかに複雑《ふくざつ》で、どんなふうに折ればいいのか想像《そうぞう》もできないくらいだ）

外村《とのむら》の頭には疑問《ぎもん》が次々《つぎつぎ》と浮《う》かんだ。

1枚《まい》の紙から、どうすればこんなにも複雑《ふくざつ》な作品を折ることができるのだろう？まるで実物みたいに見える作品を生み出すために、どこまで細かく実物を観察すればよいのだろう？

これだけの作品を折るのに、いったいどれくらいの時間がかかるのだろう？

（僕《ぼく》はこれまで折り紙のことを何も知らなかった。それだけじゃない。身近にあるものも、そうでないものも、しっかり見ていなかった）

外村《とのむら》は決意した。

駒場《こまば》東邦《とうほう》中学校を受験して、もし合格《ごうかく》したら、折り紙同好会に入るんだ！

翌年《よくねん》、外村《とのむら》は念願の駒場《こまば》東邦《とうほう》中学校に合格《ごうかく》した。

入学して間もなく、生徒会主催《しゅさい》の新入生歓迎会《かんげいかい》が柔道場《じゅうどうじょう》で開かれた。

部活動の紹介《しょうかい》コーナーが始まると、運動部、文化部、同好会の部長が順に壇上《だんじょう》に立ち、「ぜひ僕《ぼく》らの部に！」「入部を待っています！」などと訴《うった》えた。

まだかな。折り紙同好会の番がいっこうに来ない。

外村《とのむら》はヘンだなと思った。

あの時たしかにこの学校の教室で、折り紙作品を見た。エンシェントドラゴンは今でも目に焼き付いている。

結局、その日、心待ちにしていた折り紙同好会の活動紹介《しょうかい》はなく、外村《とのむら》はがっかりして家に帰った。

折り紙同好会はなくなってしまったのか。折り紙同好会に入ろうと思って、この学校を受験したのに——。

そんな暗い気持ちで学校の廊下《ろうか》を歩いていた時、ビラ配りをしている上級生の姿《すがた》が見えた。何気なくビラを手に取ると、そこに「折り紙同好会」の文字が記されていた。

なんだ、やっぱりあったんだ。

外村《とのむら》は喜んだ。

でも、どうして歓迎会《かんげいかい》で折り紙同好会は紹介《しょうかい》されなかったんだろう？

それはこういう事情《じじょう》だった。駒場東邦《こまばとうほう》の部活動は「こんなことをやってみたい」と思いついた生徒が仲間を集めるところからスタートする。同じ興味《きょうみ》を持つ仲間の集まりはやがて準《じゅん》同好会へ、次に同好会へ、最後には部へと段階《だんかい》的に組織《そしき》の地位を上げていく。

準《じゅん》同好会と同好会には、大きな違《ちが》いがある。それは新入生歓迎会《かんげいかい》で、同好会は他の部とともに自分たちの活動を紹介《しょうかい》できるが、準《じゅん》同好会にはそれができないことだ。

現在《げんざい》の折り紙同好会もはじめはただの折り紙好きの生徒たちの集まりにすぎなかった。２０１３年に陸上部に所属《しょぞく》していた高校生が、水泳部の数人に声をかけて有《ゆう》志《し》の団体《だんたい》が結成され、同年の文化祭で最優秀賞《さいゆうしゅうしょう》を受賞《じゅしょう》した。その実績《じっせき》をもとに学校へ同好会設立《せつりつ》を申請《しんせい》。2014年に申請《しんせい》が認《みと》められ、まず準《じゅん》同好会としての活動を始め、2015年春には同好会に昇格《しょうかく》した。

外村《とのむら》が入学した年、同校の折り紙好きの生徒たちのクラブの立場は同好会だった。したがって本来なら新入生歓迎会《かんげいかい》で折り紙同好会も活動を紹介《しょうかい》することができた。ところが、何かの行き違《ちが》いで、部員の多くが準《じゅん》同好会のままだと思い込《こ》んでいたため、新入生歓迎会《かんげいかい》で折り紙同好会の活動は紹介《しょうかい》されず、外村《とのむら》をやきもきさせたのである。

進化した折り紙

ところで、駒場東邦《こまばとうほう》に折り紙好きの集まりができる十数年前から、いくつか同じようなクラブが日本全国の大学や高校に生まれている。そこには折り紙において急激《きゅうげき》な進化があった。

折り紙と言えば、折り鶴《づる》、チューリップ、やっこさん、かぶといった動物や花、人などの形に似《に》せたものがよく知られている。これらは「遊戯《ゆうぎ》折り紙」と呼《よ》ばれ、小さな子どもたちに親しまれている。遊戯《ゆうぎ》折り紙が日本でいつごろ始まったのかはわからないが、江戸《えど》時代半ばの1797年に『秘傳千羽鶴折形《ひでんせんばづるおりかた》』という題名の遊戯《ゆうぎ》折り紙のガイドブックが出版《しゅっぱん》されていたことから、少なくともそのころには日本中に広まっていたのは間違《まちが》いない。

しかし、江戸《えど》から明治、大正、そして昭和の半ばまでは、誰《だれ》かが勝手気ままに折ったもののうち、ちょうどうまい具合に動物や花、人などの形に見えたものがたまたま作品として残っただけだった。
　そんな行き当たりばったりの折り紙の作り方を変えたのが、折り紙作家の第一人者である吉澤章《よしざわあきら》だ。彼《かれ》は、折り紙の基本《きほん》となる形をいくつか組み合わせることで、さまざまな作品を生み出せることを示《しめ》し、１９５０年代から新しい作品を発表した。その後、ヨーロッパやアメリカでも、折り紙に興味《きょうみ》を持つ人たちが次々《つぎつぎ》と現《あらわ》れ、１９５８年にはアメリカのリリアン・オッペンハイマーが、『The Origamian《ジ・オリガミアン》』という雑誌《ざっし》の発刊《はっかん》を始め、日本の折り紙が「オリガミ（ＯＲＩＧＡＭＩ）」の名で国際《こくさい》的にも通じるようになった。
　そして１９８０年代に前川淳《まえかわじゅん》、１９９０年代に目黒俊幸《めぐろとしゆき》らが登場し、数学的な考えに基《もと》づいて折り紙の展開図《てんかいず》を設計《せっけい》するという新たな発想が加わった。彼《かれ》らが考え出した折り紙の「規則《きそく》」を身につけた人々《ひとびと》は、それ以前のものよりもっと複雑《ふくざつ》で、たくさんの種類の作品を次々《つぎつぎ》と生み出していった。
　１９９０年代半ば、日本にインターネットが広まると、それまで１人でコツコツがんばって折り紙に取り組んでいた人たちがそれぞれ自分の作品をホームページで

吉澤章《よしざわあきら》
１９１１年生まれ、２００５年没《ぼつ》。日本の折り紙作家。創作《そうさく》折り紙の第一人者として海外でも作品展《てん》を開いた。

リリアン・オッペンハイマー
１８９８生まれ、１９９２年没《ぼつ》。アメリカの最初の折り紙グループ設立者《せつりつしゃ》。

前川淳《まえかわじゅん》
日本の折り紙作家。著書《ちょしょ》に『ビバ！　おりがみ』（サンリオ）などがある。

目黒俊幸《めぐろとしゆき》
日本の折り紙作家。折り紙設計《せっけい》の発展《はってん》に大きく寄与《きよ》した。

発表し始める。折り紙好きの人たちは少しずつ連絡《れんらく》を取り合い、クラブを作って情報交換《じょうほうこうかん》をしたり、展覧会《てんらんかい》を開いたりするようになった。折り紙をめぐる、こうした長い歴史が、駒場東邦《こまばとうほう》に折り紙同好会ができた背景《はいけい》にあるのだ。

「こんにちは。こちらに興味《きょうみ》があって来たんですが」

外村《とのむら》がビラを手に、折り紙同好会が活動する教室を訪《たず》ねた。そこでは、上級生たちが楽しそうにおしゃべりをしながらそれぞれ折り紙作品に取り組んでいた。

それから一か月程度《ていど》のお試し期間を経《へ》て、外村《とのむら》は正式に折り紙同好会に入った。

この間、外村《とのむら》は運動部にも入部している。もともと体を動かすことは好きで、小学校時代はサッカークラブに入っていたくらいだ。一時期、受験勉強に専念《せんねん》するためサッカーから遠ざかったが、中学でサッカーを再開《さいかい》する気はなかった。練習や試合の負担《ふたん》が大きかったからだ。

運動部の中で魅力《みりょく》を感じたのは、ソフトテニス部。先輩《せんぱい》たちの人柄《ひとがら》も、部の雰囲《ふんい》気《き》もよさそうで、お試し期間にボールを打たせてもらったのも楽しかった。しかし、外村《との むら》にとってありがたかったことがある。それは、毎日練習が行われるものの、どの日に参加するかは自分で選ぶことができた点だ。

折り紙と両立できる！

これが決め手で、外村《との むら》はソフトテニス部を選んだ。こうして折り紙とテニスに熱中する日々《ひ び》が始まった。

切磋琢磨《せっさたくま》

「この部分、どう折ったらいいんですか」

外村《とのむら》は、折り紙の本と、折っている途中《とちゅう》の紙を持って、上級生に声をかけた。

折り紙の作品集には、折り方を示《しめ》した図や記号が載《の》っている。山折り、谷折り、裏返《うらがえ》すといった指示《しじ》は理解《りかい》しやすいが、一見してわからない指示《しじ》もある。そういう難《むずか》しい箇所《かしょ》にぶつかると、まずは自分で、ああでもない、こうでもないを繰《く》り返す。それでもわからない場合には上級生にたずねる。

「こうするんだよ」

上級生は、その場で折ってみせてくれた。

折り紙初心者にとって、たとえば「中割《なかわり》折り」は最初にぶつかる壁《かべ》かもしれない。三角形に折った頂点《ちょうてん》の近くに折り線を入れ、紙をちょっと開いて、折り線から頂点《ちょうてん》の部分を押《お》し込《こ》むように折るのだが、こうした説明を読むより、誰《だれ》かが実際《じっさい》に折っている場面を見るほうがはるかにわかりやすい。折り紙は、その気になれば、本を見たり、インターネットで調べたりなどして、1人でもさまざまな技術《ぎじゅつ》を身につけることは可能《かのう》だ。しかし、自分にはわからない箇所《かしょ》だけを経験者《けいけんしゃ》からピンポイントで実演《じつえん》してもらえれば、格段《かくだん》に早く上達できる。そこが折り紙好きのクラブに所属《しょぞく》する利点の1つだ。

もう1つの利点は、同級生と切磋琢磨《せっさたくま》できるところだ。

折り紙同好会のメンバーで、クラスメイトでもある佐々木貴史《ささきたかふみ》の技量《ぎりょう》は高かった。佐々木《ささき》は、小学校低学年のころから同級生の友人と2人で刺激《しげき》し合いながら折り紙の腕《うで》を磨《みが》き、高学年になると、大人向けの折り紙本に載《の》っている作品にも挑戦《ちょうせん》した。

「折り紙ばかりしていないで勉強しなさい」と親に注意されるほど折り紙に熱中し、折り紙の有名作家である神谷哲史《かみやさとし》の作品集も小学生の時にすでに手にしていた強者《つわもの》だ。佐々木《ささき》も、外村《とのむら》と同じく、駒場東邦《こまばとうほう》に入学する前に文化祭を訪《おとず》れ、折り紙同好会の存在《そんざい》を知っていたのだ。

中川功大《なかがわこうだい》が中学2年の時に硬式《こうしき》テニス部とかけ持ちで入ってきた。幼《おさな》いころに祖《そ》母《ぼ》から折り紙を習い、祖母《そぼ》と2人で折り紙に親しんでいた中川は、もし駒場東邦《こまばとうほう》に折り紙好きの部活があると知っていれば最初からそこに入ったはずだ。しかし、中川は運悪く、入学前はもちろん入学後もしばらくその存在《そんざい》に気づかず、部活動へ参加を申し込《こ》める時期を逃《のが》してしまったのだった。

たまたまクラスメイトの外村《とのむら》、佐々木《ささき》から折り紙同好会の話を聞いて入会したのである。

ある時、中川は佐々木《ささき》が折った作品を目にした。それは折り紙作家の神谷哲史《かみやさとし》が創作《そうさく》した『ウィザード』と名づけられた作品で、とんがった帽子《ぼうし》を被《かぶ》った魔女《まじょ》が杖《つえ》を持って立っている姿《すがた》を表していた。中川は、自分は取り残されていると悔《くや》しかった。

中学2年生に進級して、折り紙同好会に入ると、中川は折り紙の腕《うで》をメキメキ上げた。ウィザードにも挑戦《ちょうせん》し、最初は2日かかったが、何度も折るうちに、所要時間はどんどん短くなった。かつて一緒《いっしょ》に折り紙で遊んだ祖母《そぼ》には、いつだったか「またこんな複雑《ふくざつ》なものを作っちゃって」と言われた。

折り紙同好会のメンバーは週に１回、放課後に部室から折り紙の束や折り方や折り図が載《の》っている本をいつもの教室に運んで活動する。１００円ショップに光沢《こうたく》のある紙や大きめの紙を、折り紙専門店《せんもんてん》に本を買いに出かけることもある。

教室で折り紙を折る時は、集中して黙《だま》って折ることもあれば、おしゃべりをしながら折ることもある。自分が折っている作品の進み具合や難《むずか》しいところ、定期試験の範囲《はんい》など、おしゃべりの話題はさまざまだ。

折り紙では、誰《だれ》かが過去《かこ》に創作《そうさく》したものを、折り方の手引きや、折り紙の設計図《せっけいず》である展開図《てんかいず》を参考に折る場合もあれば、過去《かこ》にはなかったものを自分自身で創作《そうさく》する場合もある。

外村《とのむら》は中３から創作《そうさく》もするようになっていた。外村《とのむら》の家族は芸術《げいじゅつ》の心得《こころえ》があり、特に祖父《そふ》は毎年公募展《こうぼてん》で入選するなど、画家としての活動もしていた。そんな家族の影響《えいきょう》を受け、外村《とのむら》も幼稚園《ようちえん》から小学校６年生の時まで、アトリエ教室に通い、絵を描《えが》いたり、粘土《ねんど》で造形物《ぞうけいぶつ》を作ったりしていた。折り紙でも、ただ本に載《の》っている作品を真似《まね》るだけではなく、思いつくままに適当《てきとう》に折って遊ぶこともあった。

折り図
折り方の手順を説明した図。

折り紙同好会で2年以上、上級生の助けも借りながら、複雑《ふくざつ》で、難易度《なんいど》の高い折り紙をいくつも完成させ、自分の腕《うで》に少し自信もついた。

折り紙の創作《そうさく》に必要な技術《ぎじゅつ》を身につけた今なら、前よりももっとうまく作れるかもしれない。

と創作《そうさく》に挑戦《ちょうせん》した。しかし『バイク』や『剣《けん》』など自分なりに工夫して作ってみたが、どうにも格好《かっこう》が悪く、本物にはほど遠い気がした。

このころ、外村《とのむら》は神谷哲史《かみやさとし》作の『アカウミガメ』という有名な作品にも挑戦《ちょうせん》した。甲羅《こうら》も、腹《はら》の部分も、実際《じっさい》のウミガメを模《も》した複雑《ふくざつ》な作品だが、外村《とのむら》は途中《とちゅう》で挫折《ざせつ》した。

(僕《ぼく》には、まだ折り紙の技術《ぎじゅつ》も、ものを観察する力も足りない。もっと修業《しゅぎょう》しなければ――)

力を合わせて折る

中学3年生の時に挫折《ざせつ》した『アカウミガメ』に再挑戦《さいちょうせん》して最後まで折ることに成功したのは、高校2年生になってからだ。前に折った時にはわからなかった部分も、すんなりできた。

（折る回数が増《ふ》えると、その分、経験《けいけん》が蓄積《ちくせき》されるんだな）

きちんと手順通りに進めなければ、複雑《ふくざつ》な作品を折ることはできない。折り方を間違《まちが》えたことに気づかず、次の手順に進んでしまうと、たためるはずのところがたためなかったり、開けるはずのところが開けなかったりして行き詰《づ》まる。ちょっとしたズレを気にせずに折り目をつけてしまったことが、後で響《ひび》くこともある。ズレがいくつも重なって、最悪の場合、途中《とちゅう》で折れなくなってしまったり、すべて折れたとしても見栄《みば》えが悪くなったりするからだ。

毎年7月を過《す》ぎると、折り紙同好会のメンバーは9月中旬《ちゅうじゅん》に開催《かいさい》される文化祭について考え始める。文化祭では、各メンバーが自分で折った中から自慢《じまん》の作品とともに、全員が協力して作り上げる巨大《きょだい》作品も展示《てんじ》する。

7月のある日――。

「今年の巨大《きょだい》作品、どうする？」

高校2年生になって折り紙同好会の部長に就《つ》いた佐々木《ささき》がみんなに問いかけた。

もちろんすぐには誰《だれ》からもアイデアは出てこない。前々回《ぜんぜんかい》の2017年の作品は『バイオリン奏者《そうしゃ》』、前回の2018年の作品は『ダイヤモンドの立体構造《こうぞう》』だった。前回が幾何学的《きかがくてき》な作品だったから、今年は人か動物の作品がよさそうだとは、メンバーが共通して思っていた。しかしなかなか決め手がない。

ふと中学1年生のメンバーが発言した。

「『イカロス』がいいんじゃないですか」

それは折り紙作家の北条高史《ほうじょうたかし》が創作《そうさく》した作品だった。イカロスはギリシア神話に、ロウで固めた翼《つばさ》を持つ人物として登場する。最初は翼《つばさ》を使って自由に飛び回ってい

バイオリン奏者《そうしゃ》
日本の折り紙作家、北《ほう》條《じょう》高史《たかし》が2003年に発表した作品。

ダイヤモンドの立体構造《こうぞう》
2000枚《まい》の折り紙でダイヤモンドを作り、組み合わせたオブジェ。

たイカロスだが、ある時太陽に近づきすぎたためにロウが溶《と》け、翼《つばさ》を失って海に落ち、死んでしまう。北条版《ほうじょうばん》『イカロス』は、右に翼《つばさ》、左に腕《うで》を持つ、片翼《かたよく》のイカロスだった。

メンバーたちは北条高史《ほうじょうたかし》の作品であるイカロスを覗《のぞ》きこみ、口々《くちぐち》に「かっこいいね」と言った。急にその場が活気づいてきた。

「ギリシア神話なら、神谷哲史《かみやさとし》さんの『ペガサス』も作って並《なら》べたら？」と誰《だれ》かが言い、「それはいいね」とみんなの意見が一致《いっち》した。

こうして2019年9月の文化祭の巨大《きょだい》作品は、『イカロス』と『ペガサス』に決まった。しかし、佐々木《ささき》は心配だった。これまでも巨大《きょだい》作品を作ってきたが、2体同時に作ったことはなかったからだ。折り紙同好会の活動は週に1回。月に5回しかない。9月までの2か月で巨大《きょだい》作品2体を作り上げることはできるだろうか。

とにかくやってみるしかない。

まず検討《けんとう》したのは大きさだ。

「イカロスは1mくらいかな」

「ペガサスもそのくらいだとすると、元の紙はどれくらい必要だろう？」
「計算してみよう。どちらも約３ｍ四方だね」
「色は？」
「イカロスはオレンジ、ペガサスは白がいいかな」
こんな話し合いから紙の大きさと色は決まった。といってもそれほど大きな紙はなかなか手に入らない。色や紙質《かみしつ》の都合もある。今回は、イカロス用についてはタント紙を６枚《まい》、ペガサス用についてはタント紙を12枚《まい》、それぞれテープでつなげて作ることにした。

制作方針《せいさくほうしん》が決まると、イカロスの紙作りから取りかかった。

折り上がった時にテープが見えないようにしたい。紙と紙の間にすき間が生まれたり、重なったりしないように細心の注意を払《はら》いながら、テープを貼《は》っていった。こうしてできた３ｍ四方の紙の上に、佐々木《ささき》は大の字になって横たわった。

本番はここからだ。

折りたたむ前に、必要な折り目を付けていかなければならない。前にも触《ふ》れたと

タント紙
ファンシーペーパーの銘柄《めいがら》の一つ。小さな凸凹《でこぼこ》のエンボス柄《がら》の紙で、色数が豊富《ほうふ》にある。画用紙より柔《やわ》らかくて加工しやすい。

おり、この時にズレに注意を払《はら》わず、どんどん折り目をつけていってしまうと後で困《こま》ったことになる。

しかも大きな作品では、そのズレも大きくなりがちだ。その上、数人がかりで協力して折る場合には、紙を押《お》さえる担当者《たんとうしゃ》、折る担当者《たんとうしゃ》など役割分担《やくわりぶんたん》も必要になる。一般《いっぱん》的な15㎝四方の折り紙を1人で両手を使って折る場合とは異《こと》なる折り方をしなければならず、何倍も時間がかかる。

こうして7月いっぱいかけてイカロスの形がいちおうできた。ペガサスも同じように8月中に折り終わった。しかし、そこで作品が完成するわけではない。折った後にも、大事な作業が残されているのだ。

複雑《ふくざつ》な折り紙作品の場合、紙と紙が離《はな》れやすい部分をのりやボンドで接着《せっちゃく》したり、ぐにゃっと曲がりやすい部分の裏地《うらじ》に針金《はりがね》を通して支《ささ》えたりしなければならない。これが「仕上げ」と呼《よ》ばれる作業である。単に折って終わりではなく、いかに美しく、躍動《やくどう》感のある作品に仕上げるか。そこが折り紙の奥深《おくぶか》さ、折る人の腕《うで》の見せ所なのだ。

駒場東邦《こまばとうほう》文化祭が始まると、折り紙同好会が主催《しゅさい》する校舎《こうしゃ》3階の教室に次から次へ人が入ってきた。

階段《かいだん》の近くに教室があるおかげで人目に触《ふ》れやすいんだな、と佐々木《ささき》は思う。教室に入ってくるのはたまたまかもしれない。しかしほとんどの人は折り紙作品の一つひとつの前で立ち止まり、「おー」「わー」と驚《おどろ》いたり、「一枚《まい》の紙でできているんだって。どうやって折るんだろう」と不思議がったりする。遊戯《ゆうぎ》折り紙とはいっぷう違《ちが》った複雑《ふくざつ》な作品を、みんな楽しんでいるようだ。

窓際《まどぎわ》では、来場者が宙《ちゅう》に浮《う》かんだ巨大《きょだい》作品『イカロス』と『ペガサス』を見ていた。イカロスとペガサスの足元にあるのは、ひっくり返された椅子《いす》の脚《あし》だ。そこにイカロスとペガサスの脚《あし》がそれぞれくくりつけられており、まるで宙《ちゅう》を飛んでいるかのような効果《こうか》を生んでいた。普段《ふだん》、教室で使う椅子《いす》をそのまま台として活用したのだ。

また、教室の中央に机《つくえ》を並《なら》べて用意した「体験コーナー」では、小さな子どもたちが本を見ながら紙を折っていた。

「ここ、どう折ればいいの？」

と、桜《さくら》の花を折ろうとしていた小学校低学年の女の子が佐々木《ささき》にたずねる。佐々《ささ》木《き》が折りかけの紙を受けとって「ここを広げながら、こっちの向きに……」と折ってみせると、女の子は「ああ、わかった！　自分でやってみたい」と奪《うば》うように佐々木《ささき》から紙を返してもらって続きを折る。同好会のメンバーにアドバイスをもらいながら複雑《ふくざつ》な折り紙を試せる体験コーナーは、毎年、子どもたちに大人気なのだ。

世界の見方が変わった

午後、外村《とのむら》が折り紙同好会の教室にやってきた。午前中はグラウンドでソフトテニスの練習に汗《あせ》を流した。試合が近かったので、文化祭の来場者への部の紹介《しょうかい》とあわせて練習にも時間を使わなければならなかったのだ。折り紙同好会も、主将《しゅしょう》を務《つと》めるソフトテニス部も、高校2年生までで引退《いんたい》する。どちらも気を抜《ぬ》くわけにはいかなかった。

今回の文化祭で外村《とのむら》は、プロの折り紙作家による作品を折ったものだけでなく、自分で生み出したものもたくさん展示《てんじ》した。

その1つ、『テニスラケット』には特に強い愛着を感じている。

(僕《ぼく》は中学・高校生活を通して、折り紙にも、テニスにも一生懸命《いっしょうけんめい》取り組んできた。だからこそ折り紙とテニスへの思いを1つにして表したい。そうだ、テニスラケットを折り紙で作ればいい！）

そう考えて、テニスラケットを折り始めたものの、すぐに壁《かべ》にぶつかった。折るのに苦労したのはシャフトだった。二股《ふたまた》に分かれ、細いひもを網目状《あみめじょう》に張《は》ったボールを打つ面（フェイス）と持ち手（グリップ）をつなぐ部分だ。

最初はどうすればいいのかまったくわからなかった。折り進めては元に戻《もど》し、また折っては戻《もど》すことを何度も繰《く》り返した。

数日、試行錯誤《しこうさくご》して、そして――。

（そうか、巻《ま》けばいいんだ。二股《ふたまた》の片方《かたほう》を軸《じく》にして、もう片方《かたほう》をそこに巻《ま》きつければ、シャフトとグリップが同時にできる！）

後から考えれば簡単《かんたん》なことだった。しかし、思いついた時は、「これは画期的だ！」と心が弾《はず》んだ。

そんな自信作の隣《となり》には、折り紙による漢字作品を並《なら》べた。改元した2019年5月に作った折り紙による『令和《れいわ》』だ。

漢字はいくつかの線や点を組み合わせて作られているが、外村《とのむら》は1文字を1枚《まい》の紙で表したかった。折る作業に入る前に、頭の中で折り方を思い浮《う》かべ、「令」は5本の線で、「和」の偏《へん》は4本、つくりは1本の線で表せることに気づいた。あとは展開図《てんかいず》を書いて折るだけだ。

折り方を考える時に外村《とのむら》が参考にしたのが、中川に以前教えてもらった「蛇腹《じゃばら》折り」の考え方だ。山折り、谷折りを交互《こうご》に均等《きんとう》な幅《はば》で紙の端《はし》から折っていくと、蛇《へび》の腹《はら》のように見える蛇腹《じゃばら》折りのでき上がりだ。これを基本《きほん》の形として、さらに山折りと谷折りの間を横切る折り線を加えていくと、複雑《ふくざつ》な模様《もよう》をたくさん作ることができる。

特に木の幹《みき》から大きな枝《えだ》、中くらいの枝《えだ》、小さな枝《えだ》と分かれている枝分《えだわ》かれ構造《こうぞう》を生み出すのに便利で、動物や人のように、骨《ほね》が枝分《えだわ》かれしている形を持ったものを創作《そうさく》する時は蛇腹《じゃばら》折りがよく使われる。中川は自分で創作《そうさく》をするわけではないものの、複雑《ふくざつ》な作品の背後《はいご》に、蛇腹《じゃばら》折りがひそんでいることを学んで知っていた。

外村《とのむら》は完成した折り紙による漢字作品を自宅《じたく》で母親に見せた。

「何？」

「令和なんだけど」

「その通りには見えないね」

と厳《きび》しい感想に、外村《とのむら》は少し落ち込《こ》んだが、すぐに気を取り直した。

作ったのは自分だから自分は当然「令和」と読めるけど、はじめて見る人に同じように見えるとは限《かぎ》らない。何かがおかしいのはたしかだし、意見を取り入れて作品を改善《かいぜん》することもできる。正直な意見をもらえるのはありがたいことだ。

厳《きび》しい意見も率直《そっちょく》に言ってくれる相手からほめられたらうれしいものだ。自信にもなる。外村《とのむら》は自分の折り紙作品や絵画作品の中で、出来がいいと思えるものは家族に頼《たの》んで、玄関《げんかん》に飾《かざ》らせてもらう。

『タマムシ』は、神谷哲史《かみやさとし》の昆虫《こんちゅう》作品を参考に設計《せっけい》した作品だ。大ざっぱに設計《せっけい》して実際《じっさい》に折ってみて修正《しゅうせい》し、また設計《せっけい》し直して折って修正《しゅうせい》して設計《せっけい》し直すという作業を繰《く》り返して完成させた。

昆虫《こんちゅう》の脚《あし》は6本ある。4本は正方形の紙の四隅《よすみ》を利用して作り出せる。残りの2本はまっすぐな辺から作るが、どこにどのくらいの長さで脚《あし》を置くか、関節の位置をどこにするか試行錯誤《しこうさくご》を重ねた。

外村《とのむら》は昆虫図鑑《こんちゅうずかん》を参考に、タマムシの形を調べた。図鑑《ずかん》には、それぞれの昆虫《こんちゅう》が、どんなふうにエサをとるのか、巣を作るのかといった生態《せいたい》に関する説明も載《の》っている。

(そうか、生き物はそれぞれ生きるための機能《きのう》と形を持っているんだ。それは種によってみんな違《ちが》う。だからこそ生き物には躍動《やくどう》感がある。折り紙なら、たった1枚《まい》の紙で、生き物の躍動《やくどう》感まで表現《ひょうげん》できるんだ)

外村《とのむら》は、昆虫《こんちゅう》の形と生態《せいたい》が深く結びついていることに気がついた。

小学6年生だった5年前、外村《とのむら》はまだ複雑《ふくざつ》な折り紙の世界を何も知らなかった。しかし駒場東邦《こまばとうほう》で折り紙同好会に入り、折り紙の基本《きほん》を学び、創作《そうさく》も始めて、外村《とのむら》の折り紙に対する理解《りかい》は格段《かくだん》に深まった。

さらに折り紙は、外村《とのむら》の生き物に対する見方まで変えようとしていた。

しかし、外村《とのむら》は自分の折り紙の技術《ぎじゅつ》も創作力《そうさくりょく》もまだまだだと感じている。


文化祭では、他校の折り紙クラブの作品も展示《てんじ》された。駒場東邦《こまばとうほう》の折り紙同好会も所属《しょぞく》する日本中高生折り紙連盟《れんめい》の仲間たちの作品だ。

その中で外村《とのむら》の目を引いたのは、開成学園《かいせいがくえん》折り紙研究部の高校生が創作《そうさく》した2人の女性《じょせい》が手をつないで椅子《いす》に座《すわ》っている姿《すがた》を表現《ひょうげん》した作品だ。

(これはすごい。どうやって折ればいいのか全然わからない)

また外村《とのむら》は、中川が折った『龍神《りゅうじん》3・5』(神谷哲史《かみやさとし》創作《そうさく》)にも圧倒《あっとう》された。この作品の展開図《てんかいず》は公表されているが、折り方の手順は解説《かいせつ》されていない。そのためこの作品を再現《さいげん》するには展開図《てんかいず》を自分で読み解《と》かなければならないのだ。

(もし自分にも龍神《りゅうじん》が折れたら、もう折り紙同好会をやめてもいい。これほど高度な技術《ぎじゅつ》と時間のかかる作品を折ることに成功したら、これまでに味わったことのない満足感が得《え》られるだろうな)

折り紙の世界は奥深《おくぶか》い。これからも折り紙を続けたい、と外村《とのむら》は思ったのだった。

（文／緑慎也）

『令和《れいわ》』

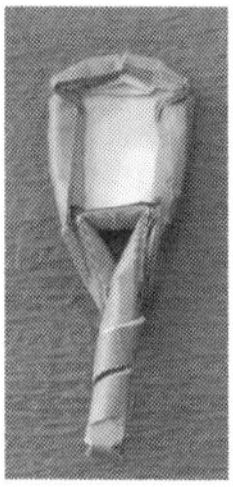

『テニスラケット』

『タマムシ』

『龍神《りゅうじん》 3.5』

青春サプリ。—— なりたい自分になれる

STAFF

STORY. 1

誰かを支えたい

文：
近江屋一朗
Ichiro Omiya
愛知県出身。児童書作家。
主な作品に『怪盗ネコマスク』(集英社みらい文庫)等。

STORY. 2

分かち合う感動

文：
オザワ部長
Ozawa Bucho
神奈川県出身。世界でただ1人の吹奏楽作家。
著者に『新・吹部ノート 私たちの負けられない想い』(ベストセラーズ))等。

STORY. 3

それは憧れていたもの

文：
ながしろばんり
Banri Nagashiro
東京都出身。文筆業。エディトリアルデザイナー。
著書に『高校演劇のつくりかた』(ブイツーソリューション)等。

STORY. 4

僕だって強くなれる

文：
田中夕子
Yuko Tanaka
神奈川県出身。スポーツライター。

STORY. 5

まだまだ先は長い

文：
緑慎也
Shinya Midori
大阪府出身。科学技術を中心に取材・執筆活動をする
ノンフィクションライター。
著書に『消えた伝説のサル ベンツ』(ポプラ社)等。

絵：くじょう Kujo 静岡県出身。イラストレーター。

装丁・本文デザイン：ナオイデザイン室

青春サプリ。

―― なりたい自分になれる

2020年4月　第1刷
2024年3月　第5刷

文：近江屋一朗・オザワ部長・
　　ながしろばんり・田中夕子・緑慎也
絵：くじょう

発行者：加藤裕樹
編集：崎山貴弘・柾屋洋子・堀創志郎
発行所：株式会社ポプラ社
〒141-8210　東京都品川区西五反田3-5-8
　　　　　　JR目黒MARCビル12階
印刷・製本：中央精版印刷株式会社
装丁・本文デザイン：ナオイデザイン室

Printed in Japan
ISBN 978-4-591-16575-1
N.D.C.916 175p 19cm

P7218005